« Ils » ne m'ont pas brisée

Valérie Le Lan

« Ils » ne m'ont pas brisée

Roman autobiographique

Les Éditions du Panthéon
12, rue Antoine Bourdelle 75015 Paris
Tél. 01 43 71 14 72
www.editions-pantheon.fr

ISBN 978-2-7547-7414-7

« Si l'enfance est comme la mienne violente et douloureuse,
ça conditionne l'adulte que je suis devenue,
qui peut rester des jours sans parler. »

Juliette Gréco

À Marylou

AVANT-PROPOS

Depuis de nombreuses années, je souhaitais écrire cette autobiographie afin, tout d'abord, et égoïstement, de me libérer de ce qui est resté au plus profond de moi, et qui n'a jamais eu l'occasion d'en sortir, mais également de confirmer les conséquences des violences faites aux enfants. Aujourd'hui, à l'approche de la naissance de ma petite-fille, d'anciens souvenirs ressurgissent avec leurs traumatismes inhérents, qui provoquent en moi un grand bouleversement.

Allez, aujourd'hui, c'est décidé, je me lance dans l'écriture de mon autobiographie.

Dans cet ouvrage, je dénonce toutes les formes de violences, qu'elles soient physiques ou psychologiques, infligées aux enfants et, parfois, aux adultes. La jeune fille que j'étais, habitée par la peur, la honte, les interdits, ne les exprimera jamais, pendant de nombreuses années, et ce, à personne. Elle préférera ancrer au plus profond de son être ces souvenirs si douloureux, ce calvaire que personne n'a su voir, n'a voulu voir. Cette petite fille devenue femme tente de se reconstruire et met tout en œuvre pour qu'aucune violence ne vienne alors remuer le couteau dans ses plaies et se refuse à reproduire ce qui l'a tant fait souffrir ; elle se bat quotidiennement pour préserver le peu de bonheur de sa propre existence, tels sont les fils rouges qu'elle se fixe pour sa vie, la vie de ses enfants et petits-enfants.

En écrivant ce roman, mêlant des termes parfois crus, parfois ironiques, je pense souvent à ce vieil adage qui dit « la vérité sort toujours de la bouche des enfants », oui, sauf lorsque s'exprimer leur est formellement interdit. Aujourd'hui, ces sujets ne devraient plus rester tabous, et doivent être dénoncés. Les médias doivent également marteler les esprits de ces questions-là.

Poser noir sur blanc mon histoire m'a demandé beaucoup d'énergie et m'a fait verser quelques larmes, c'est vrai. Cela m'a surtout, parfois, soulagée de certaines blessures profondes, et m'a évité d'avoir à envisager de les évoquer un jour sur un divan. Je vous invite donc à entrer dans mon intimité, mes ressentis, mes sentiments au fur et à mesure des années passées. Peut-être vous reconnaîtrez-vous, directement ou indirectement, dans certaines des situations que j'ai vécues.

Je vous souhaite de passer de bons moments à mes côtés. Merci.

CHAPITRE 1

Cela faisait déjà de nombreuses années que je tannais ma fille, Célia, qui vivait avec Chris depuis onze ans, pour qu'elle m'offre une petite-fille ou un petit-fils. À chaque fois que j'abordais le sujet, c'était toujours la même réponse : « Pas maintenant, on élève déjà des chats et des reptiles, et ça nous suffit. » Il est vrai qu'ils élevaient sept chats et de nombreux serpents et geckos. Déçue à chaque fois, je me faisais une raison. Je ne serai pas grand-mère par Célia, d'autant que depuis 2023, elle vit avec Benjamin, son nouveau compagnon.

Ce matin-là, le 27 décembre 2024, le téléphone sonne. Cette sonnerie, que j'avais paramétrée depuis plusieurs années spécifiquement pour mes enfants, est le chant du coucou.

Cet appel tant attendu me met en joie. Je me précipite vers mon portable et aperçois le nom sur l'écran, « Lucas », ainsi que sa photo. J'affiche un large sourire en décrochant et en répondant : « Salut Lucas ! » Mon fils n'a pas pour habitude de me contacter le matin, ce qui ne tarde pas à me mettre la puce à l'oreille. Il m'annonce alors cette nouvelle que j'attends depuis plusieurs mois : la naissance de ma petite-fille, Kettie. Elle mesure 47 centimètres pour 3,170 kilos. En parallèle, il m'adresse une photo, je la trouve jolie à croquer et j'ai hâte de la rencontrer. Je me sens terriblement heureuse.

Aujourd'hui, enfin, je deviens pour la première fois mamie d'une petite-fille, et c'est Lucas qui m'offre ce cadeau inestimable. Quoi qu'il en soit, un petit garçon m'aurait mise dans le même état. C'est l'événement lui-même qui me met en joie.

J'avais appris la grossesse de Maelle, sa compagne, lors de la fête des Mères au mois de mai 2024. Ce jour-là, après avoir essuyé les larmes de joie que mon fils et ma belle-fille avaient provoquées en moi, je leur propose, d'emblée, de leur acheter

quelques petites choses, dont un babyphone, un nid d'ange… Ils acceptent ce petit plaisir. Depuis, les jours et semaines suivantes, je m'investis démesurément d'une grande mission à l'approche de cette naissance : aider les futurs parents à préparer cet événement. Je me suis mise à naviguer sur ma plateforme d'achats en ligne préférée, puis à acheter, acheter encore, de manière compulsive, toutes sortes de choses utiles pour les parents et leur bébé (nid de bébé, gigoteuse, chauffe-biberons, layette, et le fameux babyphone…).
Pour ne pas oublier Léa, la première fille de Maelle, je décide également de lui offrir divers jouets, objets, et activités manuelles de toutes sortes. Elle est alors âgée de 11 ans, c'est une enfant très sage, adorable et surtout très jolie. Je l'aime beaucoup, cette petite. Le cumul de tous ces achats oblige alors mon fils à tenter de me raisonner, de m'arrêter dans cet élan. En effet, un soir, Lucas se présente à la maison avec Maelle et m'entreprend pour tenter de me freiner, me demander de cesser d'effectuer tous ces achats, prétextant qu'ils n'ont plus suffisamment de place pour tout ranger. Je le sens, pour ma part, gêné de devoir accepter toutes ces offrandes.
— Maman, s'il te plaît, il faudrait que tu arrêtes d'acheter, on n'a plus de place.
— Mais vous avez besoin certainement de choses utiles. Vous n'avez pas beaucoup de moyens et je tiens à vous aider.
— Je comprends bien, Maman. Mais on a encore du temps !
— Avez-vous les vêtements premier âge ?
— Oui, maman.
— Et des doudous ?
— Oui, on en a déjà trois.

Je continue d'égrener mes arguments, mais rien n'y fait.

Je comprends bien que le soi-disant manque de place n'est qu'un simple prétexte pour ne pas me laisser partir dans ce délire et dépenser autant d'argent. Lucas m'explique également que certains objets et vêtements pourront être obtenus plus tard, à moindre prix, via les réseaux sociaux ou les sites de partage, et qu'il s'en chargera. J'acquiesce. Néanmoins, je lui propose de participer à l'achat, dès qu'ils s'y engageront, de la poussette, du landau ou du siège-auto. Il accepte, mais refuse que j'achète seule ce type d'objet. Participation, oui, mais pas d'achat seule. Les jours défilent et je me surprends parfois à imaginer également les imagiers et autres hochets ou tapis d'éveil que je pourrais prévoir pour les jours où j'aurai la chance d'assurer la garde de ma petite Kettie.

Toutes les nuits, en journée également, je ne cesse de me projeter, ce qui me vaut parfois quelques divagations, et leur lot d'insomnies. En journée, je suis régulièrement en proie à des moments d'inattention et de manque de concentration. Toutefois, cette frénésie autour de la naissance n'est pas la seule à me perturber, car cette dernière provoque en moi une éruption de souvenirs qui ne tardent pas à venir entraver mes rêves. Serai-je à la hauteur pour assumer mon nouveau rôle de grand-mère ? Mon fils saura-t-il élever cet enfant sans la moindre violence ?

Cette naissance est, en mon for intérieur, l'accomplissement d'une vie que je suis très fière d'avoir menée à la réussite, même si celle-ci aura été jusque-là jonchée de difficultés, de traumatismes, de soucis, d'événements parfois inavouables qui, même si j'ai su les surmonter avec le temps et la patience qui me caractérise, n'ont jamais cessé de me hanter. Me voilà enfin transportée vers les prémices d'un avenir qui s'annonce agréable malgré les événements du passé qui s'entremêlent et ressurgissent régulièrement.

Cinquante-cinq années d'une vie peuvent paraître longues pour chacun d'entre nous, mais pour moi, cette période me paraît si courte, contenant si peu de périodes d'accalmies. Aujourd'hui, je ne souhaite pas revivre certaines étapes de ma vie – au contraire, j'aimerais les ensevelir profondément quelque part, loin de moi, une bonne fois pour toutes –, et si je pouvais arrêter le temps pour ne plus vivre que le meilleur, je le ferais avec un plaisir incommensurable.

De prime abord, les personnes qui gravitent autour de moi et me soutiennent, comme mes collègues, amis ou relations diverses, me considèrent comme une personne agréable, joyeuse, certes discrète, toujours d'humeur égale et très communicante. Je suis altruiste – un peu trop parfois –, en recherche perpétuelle de solutions adaptées aux situations que mon entourage ou moi-même pouvons rencontrer. Certains diront même que je suis dotée d'une oreille « sûre ». Aussi, je suis reconnue pour ma bienveillance, l'empathie dont je fais preuve envers tout le monde sans distinction, mais également pour le temps que je ne m'octroie pas. À l'intérieur de moi-même, c'est l'inverse, un volcan rebelle s'agite régulièrement, ne demandant qu'à faire irruption. Ce volcan de lave contenant mes colères enfouies ne demande qu'à entrer en éruption, mais je n'ai cessé de l'en empêcher en me refermant devant les contrariétés, en me recroquevillant face à la tristesse éprouvée, en fermant toute discussion, telle une huître, pour ne pas hurler. Cette méthode me laisse le temps de digérer, pour trouver la solution au problème rencontré. Quelle solution ? La mienne, la seule, celle qui ne regarde que moi.

Toute ma vie jusque-là est régie par les événements du passé qui m'ont marquée au fer rouge, mon éducation stricte, mes fréquents désarrois et désillusions. Tous ressurgissent fréquemment, de jour comme de nuit, à chaque fois qu'un événement se produit ou qu'un obstacle se présente. Je reconnais inlassablement qu'au fond de moi, je devrais en vouloir terriblement aux personnes qui m'ont fait tant de mal, qui ont tout déployé pour tenter de me briser. Paradoxalement, c'est aussi grâce à ces mêmes personnes que je suis capable aujourd'hui, et depuis de nombreuses années, d'accomplir de grandes choses et surtout de prendre en charge ma vie, avec mes deux maris successifs, mes enfants, mon devenir et celui de mes proches et de mon entourage.

Pourquoi cette force et cette ténacité à vouloir toujours bien faire ? Pourquoi ces personnes, si proches, ont voulu me détruire, et détruire également toutes mes ambitions ? Encore aujourd'hui, je me pose ces questions. Ce que je suis, ce que je possède, c'est également grâce à ces individus que j'ai énormément détestés, ou à cause d'eux. C'est cette force, gravée au plus profond de mon être, qui me permet aujourd'hui d'avancer et d'en être fière, sans aucune prétention. En écrivant ces quelques pages, j'ose espérer obtenir quelques réponses, mais rien n'est écrit d'avance, c'est bien connu. Je souhaite également que les victimes silencieuses trouvent leur méthode pour avancer et faire un pied-de-nez à tous ceux qui se sont mis au travers de leur chemin.

J'ignore ce qui a rythmé les premières années de ma vie – c'est ce que je peux définir comme un grand trou noir qui aurait duré sept ans –, sauf les quelques bribes d'informations que j'ai pu recueillir de mes grands-parents paternels et ch'tis de surcroît (Pépé et Mémé), encore en vie à l'époque où je n'étais alors qu'une jeune adulte. Ce que je sais, entre autres, est que j'ai su parler le ch'ti avant même de prononcer ma première phrase en français. Ils m'ont également informée que ma sœur et moi souffrions de malnutrition dans nos premières années, que nous baignions dans notre urine, la nuit, dans nos lits. Aussi, une infirmière se présentait régulièrement chez Pépé et Mémé pour effectuer une piqûre dans notre maigre petit corps.

Mon frère, Fabien, n'aurait, semble-t-il, pas eu ce même traitement, d'ailleurs, mes grands-parents ne m'en parlent jamais. Il est né à Paris en juillet 1968 ; nous, les filles, nous sommes nées à Livry-Gargan, en Seine-Saint-Denis, respectivement en novembre 1969 et octobre 1970, à intervalle de dix mois seulement. Pourquoi Livry-Gargan ? Cela restera à jamais un grand mystère que je n'ai jamais su élucider à ce jour.

Au plus lointain que je me souvienne, ma vie débute réellement en 1976, à Soissons, dans l'Aisne. Je n'ai alors que 7 ans. Mon frère, Fabien, a 8 ans et demi, et ma sœur, Charlotte, est âgée de 6 ans. Les personnes qui nous entourent ont une fâcheuse tendance à nous confondre, ma sœur et moi, nous nous ressemblons tellement. Nous faisons la même taille et sommes souvent habillées de la même manière. Seule la couleur de nos cheveux nous distingue (je suis blonde comme ma mère, elle est brune comme mon père). Nos parents paraissent aux yeux de notre entourage comme des personnes très sociables, agréables, cultivées, et sans aucun signe qui pourrait les montrer comme des parents que je juge personnellement comme indignes, malveillants et tortionnaires. C'est exactement ce qu'ils parviennent à cacher à tous de manière fort intelligente. Gisèle, ma mère, travaille à Paris en qualité d'opératrice de saisie dans une caisse de retraite. Elle est très respectée par ses collègues. Elle s'habille toujours de manière élégante, malgré sa forte corpulence et ses ongles rongés. Elle porte des escarpins à talons aiguilles, et l'hiver, elle se pare d'une pelisse noire impeccable. Elle emprunte les transports en commun chaque jour pour se rendre à son travail, à Paris ; Michel, mon père, est un homme distingué, moustachu, ayant des airs de l'acteur Omar Sharif. Ses cheveux sont ondulés poivre et sel. Il est grand et d'un gabarit impressionnant. Il est souvent vêtu d'un pantalon en tergal et d'une chemise sobre sur un maillot de corps. Il travaille en tant qu'électromécanicien dans une carrière de calcaire, non loin du domicile familial.

Quant à nous trois, nous sommes des enfants dits « sans problèmes », extrêmement autonomes et qui ne font, apparemment, aucune bêtise. Tout dépend de ce que l'on appelle « bêtise ». Nous, les bêtises que nous commettons sont essentiellement des vols alimentaires. Nous ne sommes gardés ni par une nourrice ni par une voisine.

Chaque jour, je me dirige vers l'école primaire située à 700 ou 800 mètres de l'appartement que nous occupons à Soissons, au quatrième étage d'une barre d'immeubles. Le trajet est une ligne droite, et nous n'avons qu'une seule route à traverser, celle qui se trouve entre le bâtiment et un organisme bancaire. Je suis accompagnée de Fabien et de Charlotte, souvent sans avoir pris le moindre petit déjeuner et sans même être lavée ; mes vêtements sont rarement propres et sentent fortement l'urine de chat, mon cartable également ; et pour cause, ma mère ne conçoit pas sa vie sans la compagnie de chats, à tel point que nous en avons plus d'une dizaine.

Comme si les chats ne suffisaient pas à combler le bonheur de ma mère, nous avons un berger belge d'une quarantaine de kilos qui répond au nom de Kinou. Il y a également des perruches et un mainate religieux appelé « Titi » ; il s'agit d'un oiseau dont la corpulence s'apparente à celle d'une pie et qui parle beaucoup normalement, mais Titi se contente de miauler très fort pour imiter les chats lors de la prise de repas. Son plumage est noir brillant et son bec est jaune. Il possède également une excroissance jaune derrière les yeux. Je prenais ça pour ses oreilles. Les volatiles occupent à eux seuls une pièce de l'appartement. De nombreuses perruches sont en cages, alignées contre un mur de la pièce ; le mainate, lui, est libre de tous ses mouvements. D'énormes branches d'arbre sont installées en diagonale de la pièce pour le bien-être du mainate. Le sol est jonché de feuilles de journaux pour les excréments.

Paradoxalement, mon frère, ma sœur et moi dormons ensemble dans la même chambre et avons exactement le même rythme. Nous nous levons ensemble, nous nous couchons ensemble. Nous devons constamment nous surveiller, nous soutenir et, parfois, nous complotons ensemble. Nous ressentons exactement les mêmes besoins, difficultés et désirs. Nous sommes liés, totalement liés.

Le 24 décembre 1976, nous partons réveillonner chez mes grands-parents maternels, Papy et Mamie, à Viry-Châtillon, dans l'Essonne. Le rituel est de mise : nous participons au repas de famille, sans dire un mot, comme toujours. Lorsqu'un de nos grands-parents nous pose une question comme « ça va, l'école ? », « tu travailles bien ? », ma mère s'empresse inexorablement de répondre à notre place, sans aucune once de positivité. Nous écoutons les conversations. À la fin du repas, nous allons nous coucher, avant minuit bien sûr, alors que les adultes terminent entre eux le réveillon. Tous les trois, nous croyons encore au père Noël. Je regarde longuement le ciel, imaginant que peut-être je le verrai passer, mais au bout d'un bon moment, je me résous à aller me coucher. Le lendemain matin, au pied du sapin, de nombreux cadeaux nous attendent et la joie se lit sur nos visages. Nous déballons nos cadeaux et, soudain, Fabien découvre un jeu de tir aux pigeons avec des flèches en caoutchouc ; Charlotte, elle, déballe une panoplie de fée qu'elle enfile immédiatement. Quant à moi, le bonheur m'envahit lorsque je découvre également une panoplie, celle d'une majorette, parmi tous ces cadeaux. Je l'enfile également. Le bâton est en carton, et dispose d'un petit élastique dans lequel je dois passer un doigt. Cela me permet de le faire tourner, c'est magique ! Mamie nous prend en photo, toutes les deux. Nous sourions devant l'objectif. J'adore cette panoplie, même si je ne l'avais pas commandée – on ne demandait jamais rien, car nous n'avions pas le droit de réclamer. Je découvre alors ma nouvelle vocation : je veux être majorette. Étrangement, ma sœur aussi.

Dès la rentrée suivante, mes parents nous inscrivent toutes les deux au club de majorettes de Soissons où nous apprenons le maniement du bâton, sans élastique, bien sûr. J'adore. Nous défilons régulièrement dans les villes voisines dès lors qu'une fête foraine est organisée ; les majorettes ont pour mission de rameuter les habitants vers cette fête. Cette passion, je la conserverai longtemps – et elle me suivra partout, où que nous soyons –, jusqu'à devenir, à l'adolescence, monitrice nationale. Au bout d'un an, j'ignore pourquoi, mes parents nous changent de club pour intégrer celui de Belleu (ville limitrophe de Soissons). Une grande discipline – quasi militaire – s'opère au sein de ce club : marcher au pas, tenir ses distances, respecter les alignements. J'entends encore aujourd'hui la voix de notre capitaine, Marie-Laure, aux entraînements de défilés dans le gymnase, « gauche, gauche, gauche » pour maintenir le pas, « levez les jambes, vous n'avez pas des semelles de plomb », « tendez les bras », « levez la tête »... Les cheveux doivent être attachés, bien serrés, et les chewing-gums sont prohibés. Je ne suis pas concernée par les chewing-gums, je n'en ai jamais mangé. Les entraînements durent deux heures chaque semaine.Je m'y sens beaucoup moins bien qu'à Soissons, car cette autorité me déstabilise à m'en faire pleurer parfois, mais je persévère, car la passion prend le dessus. Aussi, je suis, avec Charlotte, hors de portée de mes parents. Les entraînements se succèdent, je commence progressivement à prendre plaisir à m'y rendre avec Charlotte. Lors des défilés, les cuisses extrêmement minces, mais particulièrement musclées, ressemblant fortement à celles d'une grenouille ; il ne leur manque que la couleur. En revanche, je me trouve jolie en bleu et blanc, avec mes bottes, ma cape, mon chapeau et la fourragère dorée qui orne mon épaule droite. Finalement, je l'apprécie beaucoup, ce groupe. Il obtient, lors des championnats, souvent la première ou la deuxième place du podium, en compétition avec deux autres clubs prestigieux, celui de Chauny, dans l'Aisne également, et celui de Thourotte, dans l'Oise. Mes parents en

sont très fiers, à tel point qu'ils décident d'y inscrire Fabien. Ce dernier n'appréciant pas les sports masculins, il joue du bâton et aime ça ; d'ailleurs, il nous dépasse largement en dextérité, ce qui lui procure une certaine fierté vis-à-vis des filles. Je me souviens encore de son académique, un pantalon violet qui couvre l'ensemble de son corps et qui dévoile également un corps extrêmement mince. Il s'intègre parmi les filles du club, et ne subit aucune moquerie ni reproche.
Nous rendons visite très régulièrement à nos grands-parents paternels, dans le petit village de Champignelles, dans l'Yonne. C'est l'occasion, pour mes parents, de leur montrer quelques photos de nous, à l'école ou aux majorettes. Mes parents expriment à chaque fois leur fierté. J'adore Pépé et Mémé. Surtout Pépé, car il est très généreux envers nous trois. Il prépare soigneusement notre arrivée en concoctant des gâteaux comme des religieuses ou des éclairs au chocolat, des flans, et bien d'autres, ou en remplissant le tiroir de sa table de cuisine en formica d'une grande quantité de bonbons, sucettes, etc. Il nous montre discrètement, à l'abri des regards de nos parents, toutes ces bonnes choses. Ma tante, la sœur de mon père, vit avec eux. Elle, de son côté, collectionne des pièces de 2 francs qu'elle répartit dans trois sachets en plastique pour nous les remettre. Il doit y avoir une quinzaine ou une vingtaine de pièces dans nos petits sachets. Nous sommes heureux chez Pépé et Mémé. Pépé est un homme que j'ai toujours connu avec ses cheveux blancs. Ancien travailleur des mines puis ancien gendarme, il s'amuse parfois à nous faire très peur en enfilant sa tenue de gendarme et en criant subitement : « Hé ! Vous, là ! » Il est très rigolo, Pépé. Il n'a qu'une dent, juste devant, et un très gros ventre. Mémé, qui porte toujours une blouse et des charentaises à ses pieds, est une femme à la voix rauque, il lui manque une dent, juste devant. Tous les deux s'amusent avec nous régulièrement. Ils ne cessent de nous expliquer que Mémé a prêté une dent à Pépé pour qu'il puisse manger. Et nous y croyons

fermement ! Chaque fois que nous arrivons, ils nous enlacent, nous embrassent à tour de rôle. Ils nous regardent et constatent :
— Qu'est-ce que vous avez grandi, tous les trois ! lance ma grand-mère.
— Oui, répond mon père, dans un soupçon de fierté.
— Il va falloir manger un peu plus, vous êtes maigres…
— C'est normal, ils grandissent. C'est la croissance. Ils mangent bien.

Et ça s'arrête là. Plus un mot sur notre aspect physique. C'est le même rituel à chaque fois. Ce qu'ils n'imaginent pas, c'est que nos corps sont si maigres par le manque régulier de nourriture fréquemment infligé par nos parents. Ma mère, me concernant, raconte souvent que je suis allergique au lait de vache, ce qui est totalement faux. Pourquoi, moi, serais-je allergique ? Je n'en bois pas, car elle ne m'en donne pas, c'est tout !

Nous avons le droit, de temps en temps, d'aller voir ce que Pépé fabrique dans sa cuisine. Il nous donne discrètement un bonbon, puis nous repartons. Il nous prépare un bon repas, avec des frites cuites dans le gras de bœuf. J'adore ses frites, elles sont succulentes. Après le repas, nous demandons la permission de sortir de table pour aller nous promener dans le petit village. Comme nous sommes en compagnie de Pépé et Mémé, mes parents se trouvent obligés de nous l'accorder. Avant de partir, Pépé glisse dans la poche de Fabien une belle poignée de bonbons en chuchotant dans son oreille : « C'est pour toi et tes sœurs. Chut, ne dis rien à tes parents. » Nous sommes gâtés et très heureux, là-bas. Mes parents finissent néanmoins par découvrir ces manigances, car presque à chaque fois, je me retrouve malade. Par manque d'habitude, le foie n'accepte pas ces abus.
Au moment de repartir, nous sommes chaleureusement embrassés par nos grands-parents et notre tante. Nous montons en voiture pendant que mes parents terminent rapidement leur dernière conversation. Nous savons, à ce moment précis, que la normalité

revient, mais nous avons bien profité de cette journée, c'est déjà ça. Le moteur de la voiture tourne, nous partons. Mes parents ne disent rien. Nous adressons de longs signes pour dire au revoir à nos grands-parents jusqu'à perte de vue. Nous sommes tristes, très tristes de repartir. Mon père conduit sans dire un mot. Au coin de la rue, dès que nous ne sommes plus visibles, ma mère tend sa main vers nous, à l'arrière de la voiture. Nous ne comprenons pas immédiatement :
— Donnez-moi l'argent que vous a remis votre tante.
— Mais pourquoi ? dis-je.
— Ils seront en sécurité, vous les récupérerez à l'arrivée.
— D'accord.

Mon père ne dit toujours rien, fixe la route, parfois jette un œil dans le rétroviseur intérieur en notre direction. Nous remettons nos trois sachets dans le creux de la main de ma mère, puis commençons à nous assoupir. Jamais nous ne reverrons cet argent. Les fois suivantes non plus, d'ailleurs, mes grands-parents et ma tante n'en sauront jamais rien.

CHAPITRE 2

Les jours se suivent et la faim nous tiraille fréquemment. Cette faim que nous éprouvons nous pousse souvent à commettre certaines « bêtises » que je n'ai jusqu'à ce jour jamais dévoilées et qui peuvent paraître anodines ou parfois répugnantes. Toutefois, elles ont su marquer mon esprit d'enfant, non pas par leur gravité, mais par les conséquences qu'elles ont provoquées.

Je me souviens particulièrement de ces journées, sur le chemin de l'école. Nous marchons en regardant nos pieds, tels des chiens qui flairent le sol en quête d'une piste. Nous cherchons des choses bien précises. Je ne parviens pas à résister à la tentation de ramasser, sur les trottoirs et caniveaux qui mènent à l'école, la moindre friandise laissée par terre par d'autres enfants que leurs parents avaient dû certainement leur interdire de ramasser. Tant mieux pour moi, mon frère ou ma sœur, car nous éprouvons à ces moments-là une sorte d'extase en suçant un bonbon ou en laissant fondre sur notre langue un malheureux carré de chocolat abandonné, même si parfois, nous devons nous le partager.

Un jour, Fabien trouve une idée lumineuse pour nous nourrir et élabore un plan. Nous sommes seuls, à la maison. Ce doit être un mercredi ou une journée pendant une période de petites vacances, je ne m'en souviens plus très bien. Nos parents sont partis au travail et ne rentreront que le soir. Ce dont je me souviens surtout, c'est lorsque Fabien, ayant vu nos parents, quelques jours auparavant, ranger les courses surgelées dans le congélateur situé dans le cagibi au bout du couloir, découvre les denrées qui y sont stockées. Son stratagème se met en place. Dès que l'occasion se présente, il nous propose de grignoter les garnitures de pizzas et paellas encore congelées. Il nous met en garde de ne pas tout dévorer, pour qu'il n'y paraisse rien aux yeux de nos parents. Bien sûr, nous validons ce plan. Fabien sort la paella qui semble très appétissante. Hou ! C'est froid ! Nous commençons, tous les trois assis par terre, à avaler frénétiquement des rondelles de chorizo, quelques petits pois, une ou deux petites crevettes, quelques moules, un peu de riz également. Tout est congelé, mais on s'en fiche. D'ailleurs, nous trouvons ces aliments particulièrement bons. Ça suffit pour aujourd'hui. Fabien fait en sorte de ranger la paella quasi dépouillée dans son emballage, comme si elle n'avait jamais été ouverte. Il a ce petit côté malin et méticuleux, mon frère.

Or, un soir, lorsque mon père décide de sortir la paella censée être partagée entre nous cinq, il constate que celle-ci ne comporte pratiquement aucun ingrédient dans la garniture. Évidemment, puisque nous sommes tombés dessus quelques jours plus tôt ! Je vois sa tête, ses sourcils se froncent. Il nous regarde d'un air sévère. J'ai peur. Immédiatement, il s'adresse à ma mère. Il lui tend la paella et lui dit un seul mot : « Regarde ! » Nous nous regardons furtivement. Aussitôt, ma mère, très surprise, proclame la sentence : « Ils méritent une bonne correction ! » Ce seront des coups de ceinturon à chacun d'entre nous si personne ne se dénonce. Fabien, qui est l'aîné, nous prévient discrètement que personne ne doit se dénoncer. Nous obéissons. C'est le plus âgé d'entre nous, donc il a raison. De plus, nous étions trois à commettre cet acte.

Mon père s'écrie alors : « Bon, tous les trois, dans votre chambre, vous vous déshabillez, puis vous m'attendez. J'arrive ! » La peur nous envahit et ne nous lâche plus pendant un long moment. Nos trois petits cœurs se mettent à tambouriner à un rythme et une intensité tels que quiconque aurait posé la main sur notre poitrine aurait pu ressentir chaque battement.

Une fois déshabillés – il ne nous reste que nos culottes et nos chaussettes –, nous patientons, plus les minutes s'égrènent, plus la peur grandit en nous. Le temps nous paraît très long. Plus nous patientons, plus nous appréhendons la fameuse correction proclamée par notre mère. Mon père se présente enfin dans notre chambre puis dégrafe sa ceinture. Dans les années soixante-dix, les ceintures sont fabriquées de cuir et sont surmontées d'une boucle énorme.

Il nous regarde. Il me semble peu agressif, je lui trouve presque un air sympathique, à tel point que mon imagination me suggère de ne pas m'inquiéter, qu'il est là pour nous faire peur, c'est tout. Peut-être ne nous fouettera-t-il pas ? Erreur, il s'exécute. Les coups pleuvent sur nous. La douleur nous fait nous serrer les uns contre les autres, et progressivement nous coller dans un petit coin de la chambre. Nous tentons d'échapper au maximum à cet acharnement. Peine perdue, nous crions autant que possible pour qu'il cesse les coups, mais rien n'y fait. Je sens ma peau brûler sous les coups de ceinturon. Nous sommes tous les trois soumis à cette emprise, sans aucune échappatoire. J'ai l'impression qu'il apprécie ce rendez-vous avec nous et qu'il prend un certain plaisir à accomplir la mission qui lui est confiée. Que fait ma mère, pendant tout ce temps ? Eh bien, peut-être sourit-elle ?

Malgré cette correction suprême, nous continuons de piller toutes sortes d'aliments. Cette raclée, infligée pour chaque découverte de vol avéré, est toujours la même et, systématiquement, elle s'achève de la même façon à chaque fois : au lit, sans manger. Cela devient presque un rituel. Nous nous couchons en sanglotant, et attendons que les douleurs s'atténuent pour trouver enfin le sommeil.

Je me souviens de ce jour où Fabien, déjà attiré par la gastronomie dont il fera plus tard son premier métier, se met en tête de réaliser une recette plutôt innovante pour caler davantage nos trois estomacs : faire cuire, dans la friteuse, des pâtes pour chiens. Ce sont des pâtes brunâtres à base de céréales. Selon lui, ces pâtes, dont l'état du stock passerait inaperçu, auraient un meilleur goût si elles sont frites et non cuites dans une casserole d'eau. Kinou a droit à sa gamelle bien pleine tous les soirs, lui. Fabien profite donc d'une journée où nos parents sont au travail pour tester ses talents précoces de cuisinier, mais il ne se doute pas un seul instant que l'odeur de friture ne passera pas inaperçue. Nous non plus, d'ailleurs. À leur retour, mes parents devinent rapidement ce qui s'est produit dans la cuisine, pendant leur absence, d'autant qu'il reste quelques pâtes crues sur la cuisinière ; elles se sont échappées lorsque Fabien les a versées dans la friteuse. Les preuves sont accablantes. Bien évidemment, nous n'échapperons pas à la sentence : une fois de plus, des coups de ceinturon nous attendent dans la soirée. L'ordre de mon frère de ne pas se dénoncer entre nous tient toujours. La fratrie a ses bons et ses mauvais côtés ! D'un côté, le soutien, l'aide, les idées, le partage ; et de l'autre, les punitions et les privations. C'est notre rythme de vie, quasi à parts égales.

Les privations de dîner se répètent, très régulièrement, à chaque fois qu'une raclée nous tombe dessus, ou à chaque fois que nos parents ont quelque chose à nous reprocher, que ce soit grave à leurs yeux, ou pas, y compris si les résultats scolaires ne sont pas à la hauteur. « Au schloff, sans manger ! » crie ma mère sur un ton des plus autoritaires. Nous devons nous exécuter, bien entendu. Nous voilà tranquilles, et eux aussi.

Chaque privation nous amène à réfléchir à de nouvelles solutions nous permettant de nous alimenter. Nous avons d'ores et déjà une belle collection de solutions : les friandises ramassées par terre, les pâtes pour chiens, les boîtes de boulettes prévues pour nourrir les animaux – je me souviens encore du nom inscrit sur la boîte de conserve : « Fidèle » –, les surgelés, les morceaux de sucre, le beurre prélevé discrètement au couteau sur le dessus de sa barquette… en effet, nous parvenons parfois à subtiliser quelques aliments depuis le réfrigérateur, tout ce qui peut combler notre faim nous est essentiel, voire agréable. Ma mère marque des repères sur les denrées, comme une marque légère sur la barquette de beurre, la margarine ou sur le camembert, le comptage des morceaux de sucre restant dans la boîte… C'est ainsi qu'elle parvient à constater certaines disparitions. Quoi qu'il en soit, à chaque fois que nos parents se rendent compte qu'un « vol » a été commis dans un placard, le frigo ou le congélateur, c'est la raclée systématique. Ils en arrivent même à ne plus poser la question qui détermine le ou les coupable(s). C'est tous les trois, un point, c'est tout ! Ça y est, ils ont trouvé une méthode imparable pour régler une partie du problème des vols alimentaires : bloquer, de jour comme de nuit, l'ouverture du réfrigérateur en installant une chaîne en acier, allant de la grille arrière à la poignée, et un gros cadenas. Adieu le beurre, la margarine, le fromage et les yaourts !

Qu'à cela ne tienne, une nouvelle trouvaille de Fabien fait son apparition pour enrichir notre collection de solutions : Opération Cave ! Mon frère est décidément très observateur. Il cherche, il trouve. Ce matin-là, Fabien nous explique que des confitures sont stockées à la cave. Nous décidons alors, une fois de plus, que nous irons manger un de ces pots de confiture. Fabien nous emmène à la cave située au sous-sol du bâtiment. L'endroit est sinistre et il y fait froid. Il n'y a même pas de lumière. Les portes de chaque cave sont en lamelles de bois espacées de quelques centimètres. Certaines sont fermées par un cadenas, pas la nôtre. Avant de descendre, Fabien s'est procuré l'ouvre-boîte à main qu'il a glissé dans sa poche, ainsi que des petites cuillères. Après avoir trouvé le moyen d'ouvrir une de ces boîtes de conserve, nous nous délectons de la confiture, tous les trois blottis dans cette cave. Seule une petite lueur du jour traverse la petite lucarne située en hauteur et parvient à éclairer légèrement notre cachette. Il s'agit d'une confiture d'oranges, pas fameuse mais nourrissante, et nous pensons que cela passera inaperçu. Toutefois, le peu de traces que nous laissons, comme souvent, apparaissent inévitablement aux yeux de nos parents. Comme à notre habitude, il est hors de question que nous nous dénoncions, et nous devons donc assumer la sentence ensemble.

Pour le coup, ma mère décide de durcir le ton. Tout d'abord, elle nous questionne ensemble pour savoir qui a volé la confiture, qui en a eu l'idée, et d'autres questions auxquelles nous ne répondons pas. De plus belle, notre cœur recommence à battre la chamade dans notre poitrine, nos maigres jambes tremblent et les larmes entament leur descente effrénée. Nous imaginons déjà notre sort.

Sans surprise, elle ordonne à mon père de nous corriger, en culotte dans notre chambre. Une fois encore, nous devons encaisser chaque coup infligé, toujours à l'aide de sa maudite ceinture. Nous nous blottissons les uns contre les autres pour tenter d'esquiver, en vain. Nous crions, mais personne ne l'arrête. Enfin, après les derniers coups assénés, nous sanglotons énormément, puis nous nous couchons en attendant que le sommeil nous emporte et que nos esprits retrouvent un certain répit ; du moins, c'est ce que nous espérons. Mais ma mère ne compte pas s'arrêter là. Elle décide de nous faire ressortir de nos lits pour nous infliger une ultime punition, plutôt psychologique cette fois, qui consiste à nous questionner un par un. Elle sort un magnétophone et nous prévient que tout ce que l'on dit sera enregistré. C'est parti. Je suis la première à passer à l'interrogatoire.

Ma mère appuie simultanément sur les touches « Lecture » et « enregistrement » et pose ses questions. Pour chacune d'entre elles, elle attend une réponse qui ne vient pas. Pas de réponse, une gifle. Et ça continue comme ça, aussi souvent qu'elle le souhaite. Elle poursuit en reposant encore et toujours les mêmes questions. Les gifles s'enchaînent. Elle a enfin trouvé le moyen de me faire parler. Ensuite, elle m'oblige à exprimer distinctement une phrase : « Je ne le referai plus, je le jure. » Puis me la fait répéter jusqu'à ce qu'elle soit enfin satisfaite du résultat. Elle me renvoie dans ma chambre. Je peux enfin me coucher, mais ne dors pas, car je crains terriblement pour Fabien et Charlotte. C'est Fabien qui prend le relais, et c'est reparti pour un tour. Je l'entends pleurer, j'entends également les gifles qui s'abattent sur ses joues, j'en pleure également. Puis vient le tour de Charlotte et les mêmes sévices. C'est plus long et plus violent pour elle. Elle ne parle pas, se tait, et ne dira rien jusqu'au bout. Je découvre une sœur têtue, mais très forte. Ça y est, c'est enfin terminé pour elle ! Je la console, elle me console. Nous nous blottissons l'une contre l'autre. Nous sommes unies comme les doigts de la main, elle et moi.

À aucun moment ma mère ne se ressaisit en pensant à notre journée d'école du lendemain. Cette soirée, ou plutôt cette nuit, est interminable. Bien sûr, nous pleurons toujours et longtemps. Régulièrement, ma mère nous crie, depuis l'autre pièce : « Ça suffit, maintenant, vous dormez ! » Difficile pour nous de nous calmer. Les sanglots sont si puissants ! Nous venons de vivre notre première nuit blanche, et ce, pour un malheureux pot de confiture !

Dès le lendemain, nous décidons, Fabien et moi, de montrer nos marques de coups à nos camarades d'école. Mon frère avance même les termes « enfants martyrs » ou « nos parents nous martyrisent » auprès de ses camarades. Nous, les filles, nous portons toujours des jupes ou des robes, jamais de pantalons, ce qui nous permet facilement d'exposer nos cuisses meurtries. En effet, nous ne sommes pas bien épais, et les stigmates sont très évocateurs sur notre corps d'enfant. Nous sommes couverts par de multiples enflures et blessures diverses. La nuit blanche doit également se distinguer sur nos pâles visages, mais personne, à notre grand désespoir, ne réagit. Pourquoi aucun de nos camarades n'ose en parler ? Pourquoi nos instituteurs ne sont pas avertis ? Pourquoi l'institution scolaire elle-même ignore-t-elle ces maltraitances ? Même le manque de soin n'inquiète personne. Quelque chose ne tourne pas rond, j'en suis certaine. Je prends conscience également que les autres enfants ne nous ressemblent pas. Ils sont propres, portent de jolis vêtements, et sont très volubiles. Enfin, un soir, mes parents sont convoqués à l'école, et reviennent, très en colère, en nous sommant de ne plus prononcer le mot « martyr », de ne pas non plus dire que nous sommes des « enfants martyrisés », ajoutant qu'avant de prononcer ces mots, il faut que nous sachions ce qu'ils signifient. Pour eux, nous n'en sommes pas, et nous voilà, une fois de plus, punis, envoyés au lit, sans manger.

Et les voisins ? Parlons-en, des voisins ! Personne ne se manifeste en entendant les cris et les pleurs que nous émettons. Trois enfants qui, très souvent, hurlent et pleurent dans une chambre de HLM, ça s'entend ? Non ? Durant ces trois années, malgré mon jeune âge, il me traverse souvent à l'esprit le désir de nous voir retirés de la charge de nos parents, « quitte à nous retrouver à l'assistance publique », me dis-je. Qu'est-ce que j'aimerais qu'ils partent en prison, que les gendarmes viennent les chercher et qu'ils disparaissent définitivement de nos vies, pour qu'ils ne nous fassent plus jamais de mal.

CHAPITRE 3

Un matin, alors que nous sommes à l'école, dans nos classes respectives, deux personnes se présentent dans ma classe : un homme et une femme, plutôt bien habillés. Nous nous levons tous pour les saluer, puis nous rasseyons. Le silence plane. Ces deux personnes se dirigent vers mon instituteur et lui parlent à voix basse. Je ne distingue aucune de leurs paroles, mes camarades non plus d'ailleurs. J'aperçois le regard fataliste de mon instituteur en ma direction. Qu'est-ce que j'ai fait ? Que se passe-t-il ? Je ne me sens pas bien, subitement. Les deux personnes, à leur tour, me regardent. Je ne comprends pas, mais j'espère de tout cœur qu'ils sont là pour nous arracher des sévices infligés par nos propres parents ; direction les services sociaux ? Ces deux adultes s'approchent de ma table d'écolière et me demandent, d'une voix douce et fluide, de rassembler mes affaires puis de les suivre. Dans l'incompréhension totale et toujours obéissante, je suis apeurée, mais presque heureuse. La dame me tient par la main, sans brutalité, ce qui m'envahit d'un sentiment que je ne connaissais pas : elle semble gentille (aucun de mes parents ne le fait, ça). Je ne saurai jamais ce que l'instituteur a expliqué à ce moment-là à mes camarades témoins de cette scène.

Nous nous dirigeons vers l'autre classe, celle de Fabien, où le même scénario se produit, puis enfin, dans la classe de Charlotte. Charlotte tient la main du monsieur. Nous sortons, tous ensemble, de l'enceinte scolaire, puis marchons sans un mot aux côtés de ces deux adultes inconnus, le long de la route en direction de notre appartement. La dame, qui me tient toujours la main, tente de nous rassurer : « Ne vous inquiétez pas, vos parents sont au courant. » Aucun d'entre nous ne réagit à cette déclaration. En revanche, je suis maintenant certaine que ces personnes ne travaillent pas pour les services sociaux. Dommage, je l'espérais tellement !

Nous entrons dans l'organisme bancaire dont l'effigie est un écureuil. Il est situé tout près du bâtiment où nous habitons. La dame nous installe dans une pièce, et nous adresse un petit clin d'œil, nous disant alors : « Vos parents ne vont pas tarder à arriver. » Elle nous donne des feuilles de papier et des crayons de couleur pour que nous nous occupions à dessiner. Puis elle quitte la pièce. De nombreuses questions traversent mon esprit. Tous les trois, nous restons sagement assis, sans nous exprimer, à tenter de gribouiller sur nos feuilles de papier. La règle, à la maison, est : ne pas ouvrir la bouche « pour ne rien dire », donc, silence !

La pièce où nous sommes installés donne sur la rue devant notre domicile. Nous devrions apercevoir le bâtiment, le parking et, par conséquent, la voiture de nos parents arriver. Or, à défaut, c'est un immense camion de déménagement qui occupe tout notre champ de vision.

Après un assez long moment, la dame revient vers nous, nous tendant à chacun un pain au chocolat. Un pain au chocolat ! Nous n'en avons jamais mangé ! C'est un mets luxueux que nous ne pensons pas mériter. Nous remercions la dame, car nous sommes très polis. Je ressens, pour ma part, une grande jubilation lorsque je commence à mordre dedans. Pour prolonger le plaisir, je ne me contente pas de le mordre, mais également de le « téter » pour récupérer tout son goût avant d'attaquer la consistance. Le seul sentiment qui me vient est que ces personnes, venues nous chercher à l'école, sont des personnes très gentilles. Aucune crainte à avoir.

Nous attendons de longues heures dans ce bureau moderne de l'agence bancaire avant que n'arrivent, en fin de journée, nos parents. Ces derniers entrent dans l'agence et se présentent à l'agent d'accueil. Une peur incontrôlable, de nouveau, m'envahit. Sans un mot, ils entrent dans le bureau et nous emmènent alors jusqu'à la Simca 1307 verte qu'ils avaient garée devant l'agence. Kinou halète dans le coffre. Ça sent le chien mouillé dans tout l'habitacle. Entre-temps, le camion de déménagement s'en était allé. Nous n'imaginons pas une seconde qu'il était chargé de vider notre appartement. Pourquoi ? Comment ? Pour quelle destination ? Et les animaux, les ont-ils emmenés ? Je ne le saurai jamais, mais j'ai quelques théories, non vérifiées à ce jour.

La règle principale, au sein de notre famille, doit demeurer intacte quelle que soit la situation. Pas un mot ! Nous ne disons donc rien. Tous les trois, à l'arrière de la voiture, nous laissons nos parents nous conduire je ne sais où, pendant la soirée, voire une bonne partie de la nuit. Une fois de plus, le repas de ce soir est passé à la trappe. Ce n'est pas très grave, nous sommes plutôt habitués, et nous parvenons à gérer notre faim en évitant d'y penser. De plus, le pain au chocolat a bien calé notre petit estomac. Nous nous endormons progressivement. À un moment donné, j'ignore l'heure qu'il est, mon père gare la voiture, coupe le contact et sort. Ma mère nous réveille puis nous emmène dans un hôtel situé juste à côté. Plus tard, j'apprends que cet hôtel se situe à Juvisy-sur-Orge, dans l'Essonne (pour rappel, nous habitons Soissons). Que faisons-nous là ? Nous nous installons pour la nuit. J'apprendrai plus tard que mes parents ont demandé l'hospitalité à Mamie et Papy qui ont refusé. Ils habitent à Viry-Châtillon, non loin de Juvisy-sur-Orge, c'est la raison pour laquelle nous avons dû dormir à l'hôtel cette nuit-là. Le lendemain, sans avoir déjeuné, sans avoir pu faire la toilette, sans avoir pu nous changer, nous reprenons la route. Comme toujours, nous ne parlons pas, nous regardons le paysage, nous nous assoupissons parfois et, pour le coup, je ne me pose plus aucune question. Mon seul espoir est que, là où nous nous dirigeons, nos parents deviendront peut-être plus gentils.

Je ne sais combien de temps dure ce trajet, mais au bout d'un long moment, nous nous arrêtons dans un petit village, dans l'Aisne. Ce petit village, c'est Billy-sur-Aisne, situé à quelques kilomètres de Soissons. J'ai à peine 9 ans (mon frère, 10 ; ma sœur, 8). Après avoir coupé le moteur, mon père lance : « Nous sommes arrivés, tout le monde dehors ! » Il sort de la voiture, ouvre le coffre pour faire descendre Kinou, puis il s'arrête devant un portail immense en fer forgé, très rouillé. Il ouvre le cadenas. De part et d'autre de ce portail sont érigés de très hauts murs de pierre. La maison, qu'ils se vantent d'appeler « la maison du gardien du château », située à droite après ce portail, est une petite bâtisse sur trois niveaux et une cave. À gauche se trouve un autre bâtiment de plain-pied. Il s'agit d'une bergerie, mais aucun animal ne s'y trouve. Une vieille charrue abandonnée gît tout près de la bergerie. Sept hectares de pâtures et de bois encerclent cette propriété. Un étang trône en contrebas, au milieu duquel se trouve une toute petite île. J'ai beau scruter le décor, je ne distingue aucun château à l'horizon. C'est très silencieux. Aucun voisin aux alentours. Je trouve cet endroit agréable, voire apaisant. Cependant, même si l'environnement semble procurer une sensation de liberté, de bien-être, il en est tout autre de la vie que nous y menons. Les règles restent les mêmes, les problèmes de nutrition et d'hygiène demeurent, et nos « bêtises » se poursuivent, toujours et encore, toutes plus imaginatives les unes que les autres. Sans oublier bien sûr les sanctions, mais là, à la différence de Soissons, nous sommes très isolés de tout voisinage.

Dans ce grand parc, nous avons régulièrement une mission : celle de nous occuper d'aller chercher du bois pour approvisionner le gros poêle en fonte de la cuisine. Nous nous promenons dans le parc, ramassons tout ce que l'on peut trouver, des brindilles, des branches, des rondins que nous devons trier près de la maison, par gabarit. Nous aimons bien ce travail. À cela s'ajoute le sciage de gros troncs d'arbres qui jonchent le sol. Pour ce faire, mon père nous remet une scie ancienne, dotée d'un cadre en bois. Charlotte et moi nous installons de part et d'autre du tronc, assises par terre, les jambes en V pour le maintenir, et nous nous mettons à scier, en tirant sur l'outil à tour de rôle, encore et encore, jusqu'à obtenir des rondelles. Nous prenons cette tâche comme un jeu ; certes, on rigole bien, toutes les deux. Mon père, ensuite, récupère lesdites rondelles, car elles sont trop larges pour entrer dans le poêle, puis les coupe à l'aide d'une hache pour en faire des quartiers. Nous continuerons ce travail dès que possible, imaginant que si nous faisons cela, ma mère ne nous reprochera rien. Erreur, elle trouve toujours un moyen pour nous enquiquiner : ranger nos chambres, laver la vaisselle à la main, nous occuper des animaux, descendre à la cave pour lui rapporter des bricoles qu'elle avait entassées, etc.

Très vite, dans ce petit village, nous faisons la connaissance du boucher, au centre du village. Il s'appelle monsieur Roze. Un gentil papy qui semble bien traiter ses clients. Mes parents se présentent, avec nous trois, dans sa boutique, et demandent une tranche de terrine de campagne. Ils indiquent également au boucher que nous possédons un chien-loup (Kinou) et en profitent pour lui demander s'il pourrait leur céder quelques os. Le boucher, sans hésiter, se retire pour se rendre dans son arrière-boutique. Il en revient avec un truc, emballé dans du journal, spécialement pour le chien. Il s'agit d'une demi-tête de bœuf coupée dans sa longueur. Quel bonheur pour le chien ! Ma mère, qui ne se déplace que rarement dans le village, nous envoie régulièrement chez ce boucher pour acheter une tranche de terrine (pas trop grosse) et demander un os pour le chien. Monsieur Roze a bel et bien repéré quelque chose nous concernant ; à chaque fois que nous entrons dans sa boutique, il nous remet à part, en plus de la tranche de pâté et de la demi-tête de bœuf, quelques rondelles de saucissons à l'ail ou des longues saucisses sèches appelées « gendarmes ». Il nous conseille de les manger sur le chemin du retour sans rien dire à nos parents. Une fois de plus, chut ! Pas un mot ! Il est gentil, monsieur Roze, je l'aime beaucoup. Tous les trois sommes à chaque fois ravis de retrouver monsieur Roze, car nous savons que nous en repartons toujours avec quelques bricoles à grignoter. Ce monsieur me laisse pour la vie une trace indélébile de ce qu'est la bonté.

En revanche, avoir annoncé que nous avions un chien-loup s'est répandu comme une traînée de poudre dans le village. Les habitants ont peur et, régulièrement, certains se plaignent à la gendarmerie. De temps en temps, les gendarmes viennent à la maison, menaçant de faire piquer Kinou s'il venait à terroriser un habitant. Étrange, tout cela ! Nous devons absolument veiller à ce que le chien ne s'échappe jamais de la propriété, au risque qu'il ne nous soit retiré.

C'est la rentrée des classes au petit village de Billy-sur-Aisne. Nous sommes en septembre 1978. L'école primaire est bien plus petite que celle de Soissons. Elle ressemble à une grande maison en pierre. Nous franchissons le portail en acier de l'école, tous les trois. La petite cour dispose d'un préau sous un appentis en bois recouvert d'ardoise. Sous ce préau, c'est très sombre. Nous, nous sommes toujours aussi mal entretenus, portant des vêtements souillés, parfois déchirés, et des chaussures rarement en lien avec la saison. Nos cartables ne sont pas neufs. Les douches et les bains se font rares, et l'odeur d'urine de chat que nous véhiculons est toujours aussi présente. D'ailleurs, une question me titille toujours, que sont devenus les oiseaux et les chats que nous avions lorsque nous étions à Soissons ? Au vu de notre apparence, les autres élèves de cette petite école nous évitent, nous restons tous les trois ensemble pendant les récréations. Aussi, nous arrivons ensemble, nous repartons ensemble.

Nous ne subissons aucune méchanceté ni moquerie de la part des élèves de l'école, mais une certaine indifférence, voire un soupçon de pitié parfois, que nous avons quelque peu du mal à supporter.
Dans les quelques conversations que je peux avoir avec certains d'entre eux, je découvre que ces derniers rentrent chez eux à la fin des cours, pressés d'engloutir un goûter digne de ce nom, comme du chocolat chaud, des biscuits, du pain beurré avec des carrés de chocolat ou de la confiture, du lait, du jus de fruits, de la pâte à tartiner… bref, tout ce qui n'existe pas chez nous. Je décide alors de faire preuve de courage et de réclamer à mon père un goûter pour le retour de classe :
— Papa, tu sais, les autres enfants, quand ils rentrent de l'école, ils ont droit à un goûter.
— Oui, et alors ?
— Ben, nous aussi, on aimerait bien avoir un goûter. Les autres, ils disent que leurs parents leur préparent du pain-beurre avec du chocolat ou des gâteaux.
— Il n'y a pas de ça chez nous. C'est trop sucré. Tes copains vont avoir des caries, ils vont être obèses. Je ne veux pas que vous mangiez ces saloperies ! Si les autres parents font ça, c'est leur problème.
— Bon. D'accord.
— De toute façon, vous n'en avez pas besoin, il y a assez à manger à table.

Me voyant déçue, mon père m'explique que, si je souhaite réellement un goûter – en d'autres mots, si j'ai vraiment faim –, je peux en avoir un, mais qu'ici, il n'y aura ni chocolat, ni confiture, ni beurre, ni biscuits. Il propose alors que nous nous contentions de tartines de saindoux salé et poivré. Selon lui, c'est très bon pour la santé et, si cela ne me convient pas, il reste encore les soupes instantanées. Il coupe donc trois petits morceaux de pain, attrape ensuite la friteuse, puis racle le dessus du gras à l'aide d'un couteau pour prélever le saindoux. Je le laisse préparer les trois tartines de saindoux salées et poivrées. Il nous invite à les manger et nous obéissons, en cachant l'éventuelle grimace qui pourrait nous trahir.

Depuis ce jour, plus jamais je n'ai demandé de goûter. Nous décidons, mon frère, ma sœur et moi, de ne plus rien réclamer et de continuer de subir les desiderata de nos parents. Ainsi soient-ils !

Nous nous sommes malgré tout bien intégrés à l'école. Un autre jour, l'infirmière se présente dans nos classes pour vérifier la présence de parasites dans les cheveux de chaque élève. Bien sûr, nos cheveux sont gras, ma sœur et moi avons les cheveux très longs et raides. Ils ressemblent étrangement, comme se plaisent à dire nos parents, à des « baguettes de tambour » ou à des « pattes de mouche ». Nous souffrons régulièrement de démangeaisons, mais nous n'en parlons jamais à nos parents. Cette règle principale est bien ancrée, et nous la respectons à la lettre, quels que soient la situation, le jour et la gravité. Bien que, pour ma part, je sois certaine du résultat, je me laisse tripoter la tête par l'infirmière ; et le verdict est sans appel : exclusion de trois jours pour présence de poux et énormément de lentes. Les démangeaisons sont si fortes et régulières que je me retrouve recouverte de croûtes au niveau de la nuque et du cuir chevelu. Mon frère et ma sœur ne sont évidemment pas épargnés. Nous nous retrouvons tous les trois exclus sur-le-champ. La honte m'envahit. Face à ce constat, ma mère se procure les produits Marie-Rose et du vinaigre. Elle nous shampooine l'un après l'autre, énergiquement, à la Marie-Rose (ça pique énormément), puis elle rince nos cheveux au vinaigre pur. L'odeur est très désagréable, ça brûle. Vient le temps du démêlage : sans aucune précaution à notre égard, elle s'empare d'un peigne, et non d'une brosse, puis le plante au niveau de la base de notre tignasse. Le peigne ne passe pas, car nos cheveux sont bien trop emmêlés, mais elle tire, elle force jusqu'à ce que le peigne arrive à la pointe. On ne peut pas crier, mais ce sont des larmes ininterrompues qui s'enchaînent. Machinalement, je plaque mes deux mains sur mon visage, comme si elles permettaient d'atténuer les douleurs. Quoi qu'il en soit, après ces séances de tortures, nos cheveux sont bien lisses et brillants, même s'ils restent douloureux un long moment. Ma mère, satisfaite du résultat, nous martèle ces quelques mots : « Il faut souffrir pour être belle. » Tu parles ! Ma mère est de plus en plus sadique ! Certes, mes cheveux sont propres et brillants, sans poux ni lentes, et j'apprécie énormément cette sensation. Je retourne à l'école à l'issue des trois jours d'exclusion, sans imaginer ce qui va se produire. À ma stupéfaction, à compter de ce jour, nous nous voyons affublés d'un surnom par les autres élèves de cette petite école primaire. En permanence, nous sommes hélés de ce surnom « Plats de poux » que nous supportons de moins en moins. Bien sûr, nous ne rétorquons pas. Nous nous laissons faire.

Pour parfaire notre éducation, mes parents décident de nous inscrire tous les trois au catéchisme. Charlotte, n'ayant jamais été baptisée, a dû l'être avant de pouvoir assister aux séances du mercredi après-midi. J'apprends beaucoup de choses lors de ces séances qui se déroulent dans une salle de la mairie. Entre autres, j'y apprends les valeurs comme la différence entre le bien et le mal, l'amour de son prochain, le respect de l'individu, et bien d'autres choses encore que j'ai dû oublier avec le temps. J'aime beaucoup ces cours. On lit, on argumente, on échange, on écoute les explications du curé. Je me retrouve au beau milieu de personnes qui communiquent, se respectent et n'ont aucune once de méchanceté. En mai 1980, j'ai 10 ans. Mon frère en a 11. Nous deux, nous réalisons ensemble nos communions, privée et solennelle. Cet événement est flatteur pour mes parents, car en retour, ils entendent des éloges nous concernant, comme « vos enfants sont adorables, bien élevés, gentils », et j'en passe. Ces invités, qui composent notre famille, sont très loin de connaître l'envers du décor de notre vie, mais c'est ainsi. J'ai très envie de leur dire la vérité, de crier qu'ils se trompent. Je ne peux pas, c'est la règle.

Nous demeurons dans ce petit village jusqu'à la fin de l'année scolaire. Je termine ma classe de CM2 en imaginant aller au collège. C'est le moment de la remise des prix. J'obtiens un joli livre encyclopédique en guise de récompense pour mes bons résultats scolaires. Je suis extrêmement fière de moi, mais pas mes parents. Ils doivent trouver cela normal. L'été qui suit, mes parents nous emmènent passer les grandes vacances chez nos grands-parents paternels, puis maternels. Nous sommes très enthousiastes, car cela représente, pour nous, une longue trêve. Ils habitent, par chance, à 25 kilomètres de distance les uns des autres, de part et d'autre de la limite Loiret/Yonne, ce qui facilite le transfert entre les deux lieux de vacances entre juillet et août. Je passe d'excellentes vacances en famille chez mes grands-parents, loin des griffes de mes parents, de la faim, de la peur et des humiliations. Ils sont bienveillants, eux, ils nous laissent nous exprimer, nous expliquent beaucoup de choses, on rigole bien aussi, et surtout, on mange très bien. La vie est douce, j'ai beaucoup de câlins et de bisous. Je suis très heureuse et profite de tous ces moments. Je suis persuadée que mes grands-parents se doutent de notre mal-être chez nos parents, mais ils ne nous questionnent jamais.

Pendant ces vacances, Mémé nous emmène fréquemment faire quelques courses, avec elle, à pied, jusqu'au centre du village. Elle passe toujours chez le boucher pour nous acheter de la bonne viande. En l'occurrence, du steak haché frais. Elle sait que nous adorons cette viande, et que nous n'en mangeons jamais à la maison. Elle passe aussi de temps en temps au magasin de chaussures et prend plaisir à nous faire essayer toutes sortes de paires de chaussures. On a même le droit de choisir parmi les modèles. Une fois que nous avons fait notre choix, Mémé règle l'addition puis nous repartons avec nos chaussures neuves directement aux pieds. La vendeuse a alors récupéré nos vieilles godasses pour les jeter. Tous les soirs, Pépé et Mémé nous installent dans nos lits, nous embrassent en nous souhaitant bonne nuit. Pépé attrape une statuette représentant la « Sainte Vierge », puis nous propose de l'embrasser pour nous protéger. Nous nous exécutons, imaginant que la Vierge va réellement nous protéger.

Quant à Mamie, c'est un peu différent. Elle s'occupe de nous en nous montrant comment entretenir le potager, comment écosser les haricots verts ou les haricots secs. Nous mangeons également de très bons légumes et de la viande. Elle nous laisse aller chercher les œufs au poulailler. Ce sont des occupations tellement simples, mais si agréables !

Nous adorons particulièrement tous ces moments d'attention à notre égard, chez nos grands-parents. Enfin, nous nous sentons exister, nous sommes occupés à de petites tâches, pas trop difficiles, mais très valorisantes, qui suscitent la reconnaissance de nos grands-parents. Profitons ! C'est enfin la belle vie, mais elle ne durera que le temps des vacances d'été.

CHAPITRE 4

Cette année-là, le retour de vacances ne signe pas le retour à Billy-sur-Aisne, mais se place sous le glas d'une nouvelle destination : direction Lesges, vers une nouvelle maison, à 20 kilomètres de Soissons. Pourquoi ? Je l'ignore. Nous nous y installons, toujours avec Kinou. Cette maison, en vieilles pierres et au toit en ardoise, est située au centre d'un village encore plus petit que Billy, comptant seulement quatre-vingt-douze habitants, sans le moindre commerce ni école. Cette maison aussi est dotée d'un grand portail ; toutefois, moins grand que celui de la maison de Billy. Le terrain est beaucoup plus petit, c'est un jardin qui doit faire environ 400 ou 500 mètres carrés, clôturé par une immense haie de lilas roses et blancs qui obture totalement le vis-à-vis avec la maison d'en face. Un petit appentis est situé à droite de cette maison. À gauche, accolée à la maison, une dépendance servira plus tard de poulailler ; un poulailler ouvert sur l'escalier qui mène aux chambres, où les volailles pourront entrer et sortir à leur guise. Trois marches mènent à l'entrée de cette jolie maison. Au bout du couloir, une grande cave voûtée, dont la porte en bois comporte une serrure. À gauche du couloir, la salle de séjour est dotée d'une cheminée immense, plus haute que moi, puis d'une cuisine spacieuse. À droite de ce couloir se trouve également un salon avec sa grande cheminée. Une salle de bains est située juste après le salon, mais avant la cave. Elle est sombre, mais vaste, et dispose d'une grande baignoire. À l'étage, un couloir dessert une première chambre destinée à Fabien, puis un espace totalement ouvert pour nous, les filles, pour enfin déboucher sur un nouveau couloir desservant, quant à lui, une autre chambre qui deviendra celle de mes parents. Mes parents passent et repassent régulièrement dans notre espace pour rejoindre leur chambre ou en sortir.

Depuis ce petit village, Fabien, Charlotte et moi devons nous rendre en bus au collège de Braine situé à 6 kilomètres. Fabien ne poursuit pas les entraînements aux majorettes. Nous, les filles, nous continuons et nous rendons au club de Belleu à vélo, à 20 kilomètres, à raison de deux fois par semaine. Ça fait les muscles, comme ils disent !

Rapidement, avec mon frère et ma sœur, toujours ensemble, je côtoie les quelques enfants du village qui ont à peu près mon âge, dont une certaine Agnès, avec qui je me lie rapidement et qui me montre la manière dont elle vit. Elle, elle est bien traitée par ses parents, très propre et coquette – quoiqu'un peu prétentieuse. Elle s'occupe souvent de son petit frère de deux ans son cadet, et surtout, en rentrant des cours, elle prend plaisir à rendre service à ses parents en se chargeant de certaines tâches ménagères dont elle s'estime très fière. Par mimétisme, ou pour tenter d'obtenir un semblant de considération de la part de mes parents, je décide de m'investir dans les travaux domestiques. Je nettoie la maison, m'occupe du linge et des animaux. À ce moment-là, la ménagerie est composée de deux adorables chèvres de grande taille et sans cornes – Aglaé et César –, une oie très fidèle – Gertrude – que nous adorons porter et promener sous le bras, des poules, des canards et bien sûr, Kinou et de nombreux chats. Tous ces animaux ont libre accès à la maison, par les portes comme par les fenêtres.

Je m'octroie de temps en temps un bon bain, en l'absence de mes parents. Qu'est-ce que c'est bon, un bain ! Je trempe dans la baignoire pleine d'une eau bien chaude et de bain moussant, je m'amuse à faire des vagues, je me décrasse. De retour de leur journée de travail, mes parents semblent agréablement surpris de constater toutes les tâches que j'accomplis, mais n'expriment rien, absolument rien, ne me remercient même pas. Au fond de moi, je comprends qu'il est tout à fait normal de me charger moi-même de toutes ces tâches, à mon âge, et que mes parents n'ont pas à me remercier. Soit ! Ils travaillent et nous sommes souvent seuls. Mon raisonnement est le suivant : mon frère est un garçon, il n'a pas à le faire ; je suis l'aînée des filles, alors cela m'incombe. Je persiste à m'occuper de ces tâches, car elles me procurent un sentiment d'irréprochabilité.

Presque tous les jours, ma mère nous charge d'acheter le pain au village voisin. Nous vivons dans les mêmes conditions qu'auparavant, mais l'idée d'acheter le pain au village voisin se dessine comme une aubaine pour nous. Après quelques allers-retours, nous constatons que la boulangère, une femme âgée un peu sourde, ne réagit pas bien vite à la cloche qui retentit à l'ouverture de la porte de sa boutique. Les pains au chocolat nous font de l'œil… Nous trouvons alors un subterfuge pour subtiliser trois pains au chocolat ou trois croissants à chaque passage ; l'un prenant les victuailles désirées en contournant l'étal, l'autre patientant inlassablement le temps que la boulangère se présente. Charlotte, quant à elle, nous attend dehors. Nous engloutissons notre viennoiserie tranquillement au coin de la rue voisine avant de rebrousser chemin pour rapporter le pain et la monnaie à ma mère.

Dans ce petit village, il fait bon vivre. Nous nous promenons souvent, tous les trois, avec quelques camarades avec qui nous entretenons de très bonnes relations. Un jour, nous découvrons un petit sous-bois situé à la sortie du village, lors d'une balade dans ce que l'on appelle « les pentes » ; il s'agit d'un terrain vierge, ou plutôt sauvage. Dans ce sous-bois, je trouve d'étranges champignons bruns et alvéolés surplombant une longue tige blanche. Je décide de les rapporter à la maison et de les montrer à nos parents. Ma mère m'explique qu'il s'agit de morillons et que si l'on en trouve d'autres, il ne faut pas hésiter à les ramasser, car ils sont excellents. Ce soir-là, mon père, qui se débrouille plutôt bien en cuisine, décide de préparer les morillons puis les sert, tous, sous nos yeux, à ma mère, qui le remercie et s'empresse de les déguster. Nous la regardons avaler ces délices sans mot dire. Nous n'avons pas la possibilité d'y goûter, ni même d'émettre la moindre remarque. Je pense : « Si ces champignons lui font plaisir, alors, qu'elle s'en délecte ! » Nous nous contentons de manger nos pâtes au sucre. Il s'agit d'un plat qui nous est régulièrement servi : quelques pâtes et un morceau de sucre que nous devons mélanger dans nos assiettes. J'avoue, d'ailleurs, que nous aimons ça.

Nous retentons l'opération « cueillette de champignons » quelques jours plus tard. Nous en ramassons davantage en espérant pouvoir enfin y goûter, mais rien n'y fait. Ma mère se trouve alors avec une belle assiettée, et ne nous fait même pas goûter un morceau. Mon père ne le lui suggère pas non plus. Je comprends alors que je n'obtiendrai jamais une quelconque reconnaissance de l'un ou l'autre de mes parents. Fabien et moi trouvons alors une autre solution pour mieux nous nourrir. Nous découvrons, à l'autre bout du village, une série de grottes que nous visitons les unes après les autres. Ces grottes de calcaire deviendront par la suite de super cachettes, dans lesquelles nous pouvons discuter entre copains, rigoler, fumer, même. Nous pourrons y organiser des simili-pique-niques. Il nous vient alors une idée géniale : voler des aliments comme des patates pour les faire griller à la braise à l'intérieur des grottes. Les patates, ça colmate bien nos estomacs vides. Aussi, les « pentes » regorgent d'aliments qui nous permettent de nous sustenter. Selon la saison, nous pouvons y cueillir des prunes sauvages, des noix, des noisettes, et des pommes. Ces trouvailles nous permettent alors de ne plus « piller » régulièrement les placards, réfrigérateur ou congélateur comme autrefois, mais au contraire, d'avoir toujours quelques provisions dans lesquelles nous pouvons piocher. De plus, il est hors de question que nous rapportions quoi que ce soit à la maison, au risque que ma mère nous les confisque pour les manger.

Au collège, je suis une bonne élève, toujours ponctuelle, très discrète et bienveillante envers Charlotte, Fabien et mes camarades. La rentrée des classes 1980 se déroule plutôt bien, je me sens à l'aise rapidement, mais je ressens toujours cette indifférence à mon égard de la part des autres élèves de ma classe. Deux de mes camarades subissent le même traitement : Sabine, une épileptique rondouillarde, et Abdoulaye, un Africain qui a les dents jaunes. Tous deux sont la risée de l'ensemble des élèves de ma classe, voire du collège entier. Ne supportant plus l'indifférence et les moqueries, je décide alors de me joindre à eux. Nous discutons beaucoup pendant les récréations. Un jour, en cours de sciences naturelles, le professeur, monsieur Kyriacos, commence une séance sur la pollution et la nature qu'il nous faut préserver, déjà à cette époque. Je suis attentive. Il me reste encore aujourd'hui ses mots : « Tout ce qui nous entoure est vivant » ou « il ne faut pas jeter n'importe quoi par terre, cela étouffe la nature »... J'entends, je prends acte, puis, au moment de la récréation, je demande à mon professeur un sachet en plastique qu'il me remet sans me demander ce que j'ai l'intention d'en faire. Je me lance aussitôt dans un cas pratique : celui de ramasser, seule, tout déchet de la cour du collège. Me voyant effectuer cette bonne action, monsieur Kyriacos vient à ma rencontre pour me féliciter, je suis extrêmement fière de cette reconnaissance. Il me dit alors : « Viens avec moi, j'ai quelque chose pour toi. » Je le suis et me demande ce que cela pourrait bien être et surtout où il m'emmène. Il se dirige vers un petit portail, situé derrière le collège et qui mène directement à sa résidence où il occupe un logement de fonction. Sans aucune méfiance, mais un peu gênée, je l'accompagne. Une fois dans l'appartement, il ouvre son réfrigérateur, bien plein d'ailleurs, et sort une tablette de chocolat aux noisettes, qu'il me tend en me disant : « Tiens, tu as fait du bon travail, c'est pour te remercier. » Je saisis la tablette de chocolat, en arborant un large sourire et en le regardant, incrédule. J'apprécie énormément ce geste à mon égard. Au retour de l'école, je range cette tablette dans mon cartable, sans rien dire à personne. Je la partagerai avec Fabien et Charlotte dès que nous aurons un moment seuls. Nous allons nous régaler, c'est certain.

Les classes se succèdent, sixième, cinquième, quatrième puis troisième, sans redoublement. Mes résultats sont bons, dans l'ensemble, sauf en histoire et géographie. Les punitions et sévices tombent à la moindre mauvaise note, même lorsqu'elle est attribuée collectivement ; je redoute terriblement l'arrivée du bulletin trimestriel ; alors j'apprends au mieux mes leçons, je fais mes devoirs dès que je le peux ; cependant, il m'arrive même de tricher, parfois, car le temps me manque au milieu de toutes les tâches ménagères que je dois accomplir. Néanmoins, je fais tout mon possible pour réussir ma scolarité et éviter les retombées à la maison, même s'il en reste encore, malgré tout.

Quelque temps après, une question me taraude toujours. Nous ne voyons plus nos grands-parents depuis un bon moment. Que se passe-t-il ? Pourquoi n'allons-nous plus les voir ? En fait, j'apprends plus tard que mes parents se sont définitivement fâchés avec eux, et c'est irrémédiable. La raison invoquée par ma mère serait que « Pépé est un sorcier ». Aussi, ils nous interdisent tout contact avec eux, ni appels téléphoniques ni courriers. Ma mère décide même de poser un cadenas spécifique sur le cadran du téléphone dont elle seule a la clef. Pépé et Mémé me manquent déjà et me manqueront toujours. Souvent, je pense à eux. Pour moi, il n'est pas sorcier, il est tout simplement catholique et croit en sa foi.

Septembre 1983, mon frère entre en préapprentissage de cuisine à Fère-en-Tardenois. Mes parents lui offrent une mobylette bleue, toute neuve, pour lui permettre de revenir à la maison dès qu'il le peut. Il est en internat au sein de l'auberge qui l'emploie et ne revient presque plus à la maison. Je ne le reverrai que peu jusqu'à l'issue de son apprentissage, après l'obtention de son CAP. Je deviens alors l'aînée officielle de la fratrie. Cette année-là, c'est pour moi l'année du brevet des collèges, mais elle passe totalement inaperçue aux yeux de mes parents. Je me présente aux épreuves, je pense même les avoir réussies, et l'année scolaire 1983 se termine. Je souhaite alors entrer en seconde au lycée de Soissons, car mon projet se dessine progressivement. J'aimerais devenir professeur d'anglais.

Durant cette même année, Papy quitte Mamie. Il part de son logement de Viry-Châtillon, dans l'Essonne, pour s'installer dans le Loiret, dans la maison de campagne, avec une amie de la famille qui deviendra plus tard sa seconde épouse. Mamie vit alors seule dans son logement. Quelques semaines plus tard, à l'approche de Noël, ma mère apprend le décès de sa maman, Mamie, survenu dans le logement qu'elle occupait à Viry-Châtillon. Dès lors, nous ne fêterons plus jamais Noël, ma mère l'a décrété. Elle ne travaille plus, elle est à la maison en permanence, elle ne s'occupe de rien, absolument rien, passe la majeure partie de ses journées en robe de chambre devant la télé à enregistrer des émissions et des films sur des cassettes VHS. Nos sorties deviennent de plus en plus rares et souvent interdites, au motif qu'il y a toujours quelque chose à faire ou à finir à la maison. Normal, au vu de tous ces animaux et de cette grande bâtisse à entretenir. Un jour, mes parents décident alors de quitter ce joli petit village pour nous installer dans le logement qu'occupait Mamie jusqu'à son décès. Je trouve l'organisation de ce départ plutôt étrange et surtout précipitée. Je dois partir « en éclaireur », en été 1984, quitter mes amis, et surtout ma petite sœur. Fort heureusement, j'ai quand même le droit d'emmener mon chat, Félix, pour me tenir compagnie. Il s'agit d'un chat de petit gabarit et très fidèle, au pelage d'un noir profond et brillant, orné d'une petite touffe blanche au niveau de son cou. Pour moi, c’est le seul être vivant capable de me donner sa tendresse. Un autre être, non vivant celui-là, que j’ai le droit d’emporter et qui me procure tendresse et apaisement, c’est un petit ourson en peluche, couleur crème.Il ressemble à s’y méprendre à celui utilisé dans une publicité pour des adoucissants pour le linge. Cet ourson a le pouvoir de me calmer, de me consoler, mais aussi de créer des histoires à mourir de rire avec ma sœur. Toutes les fois où je l’anime et le fais parler, Charlotte se met à rire aux éclats, et moi aussi. Nous passons d’excellents moments, toutes les deux, autour de ce nounours. Toutefois, je ne cesse de me questionner : pourquoi Charlotte ne vient-elle pas avec moi ? Pourquoi ce départ est-il si précipité ? Pourquoi une telle organisation ?

Plus d’une heure de route et j’arrive, avec mon père, dans ce logement que je connais déjà à Viry-Châtillon. Il sort du coffre de la voiture les quelques sacs et un matelas qu’il avait chargés avant de prendre la route. Il m’installe, puis mon père repart pour Lesges dans la foulée. L’appartement est rutilant, mais entièrement vidé. Je me souviens alors que l’on devait enfiler les patins à chaque visite chez nos grands-parents. Je suis seule avec mon chat, ma voix résonne, où que je sois dans l’appartement. Il est constitué de deux chambres, d’une salle de séjour, d’une loggia prolongeant la cuisine. Ici, je me sens libre comme l’air, je sors régulièrement pour promener Félix en laisse, ce qui me permet de rencontrer des voisins de mon âge avec qui je passe quelques soirées dans les escaliers à discuter, à jouer aux cartes et à fumer… je me débrouille pour manger les quelques boîtes de conserve que m’ont fournies mes parents, je dors sur un matelas dans la chambre avec mon chat et mon ours en peluche. C’est dans cette même chambre que je dormais quand j’étais petite, lors de nos visites chez nos grands-parents. Je savoure cette chance que j’ai de pouvoir prendre des bains quand bon me semble. J’entretiens le logement. Mes parents débarquent tous les week-ends pour déposer du mobilier, de l'électroménager et des cartons, puis repartent aussi vite. Je me charge de ranger tout ce fatras, ça m'occupe pendant mes vacances d'été. Ce déménagement est le plus long et le plus étrange que j'ai pu connaître. Il dure pratiquement tout l'été. Mes parents reviennent une dernière fois fin août 1984, accompagnés de Charlotte, Fabien et Kinou, pour s'installer officiellement.

Et voilà, les bonnes choses ont une fin, ma liberté s'arrête là et notre mode de vie familial reprend de plus belle. Il manque certaines choses qui n'ont pas été déménagées et auxquelles je tenais particulièrement : mon vélo vert pastel que je prenais soin d'astiquer, y compris entre chaque rayon, pour qu'il soit toujours superbe, le même vélo, bleu ciel, de Charlotte, et ma grande collection philatélique. Un oubli ? Je n'en suis pas sûre. Me voyant très déçue, mon père décide de m'emmener jusqu'à Lesges pour tenter de récupérer ce qu'ils auraient oublié. Horreur ! Devant le portail, une énorme chaîne et un cadenas surdimensionné empêchent son ouverture. Impossible d'y entrer. Je comprends alors que je ne reverrai jamais mon vélo, ni celui de Charlotte ni ma collection de timbres. Je constate également qu'il n'y a plus aucun animal sur le terrain. Que sont devenues les chèvres, les chats et les volailles ? Seuls Félix et Kinou font partie de l'expédition. Mon père me regarde, l'air désolé pour moi ; il m'explique qu'il ne comprend pas lui-même, et décide de repartir. J'évite soigneusement de le questionner sur le trajet du retour. Dans la voiture, l'ambiance est très silencieuse.

Ma passion pour les majorettes demeure néanmoins intacte et je demande à intégrer un club. Fort heureusement, il y en a un à Grigny, à quelques kilomètres de Viry-Châtillon. Mes parents nous y inscrivent, Charlotte et moi, toujours aussi inséparables. Je persiste dans cette voie, toujours avec la même motivation et la même détermination. Ils émettent tout de même leurs conditions : à aucun moment je ne devrai compter sur eux pour m'y emmener et me ramener. Je dois me débrouiller seule. Sans hésiter, j'accepte le contrat.

La rentrée des classes de septembre 1984 approche ; Charlotte et moi sommes inscrites au collège. Elle entre en quatrième alors que je redouble ma classe de troisième pour pouvoir me réorienter vers le lycée l'année suivante. Je me demande pourquoi ce redoublement, car je suis persuadée avoir réussi les épreuves du brevet des collèges. J'aurais dû entrer en seconde, au lycée. Mes parents n'ont pas validé mon orientation, car ils n'ont pas dû effectuer les démarches de changement d'adresse. Vu mon âge, 14 ans, je dois donc repiquer une classe de troisième. Écœurée, mais forcée d'accepter cette situation, j'entre dans cette classe alors que je manque effroyablement d'implication et de motivation. Lors des premières présentations en classe, je constate que nous sommes deux émigrés arrivés sur la région parisienne : un Breton et moi, la Picarde. Nous ne sommes pas du même monde que ces autres élèves franciliens. Néanmoins, le garçon venu de Bretagne s'intègre plutôt rapidement. Moi, je suis mal habillée, le visage ravagé par les poussées d'acné non soignée, un accent picard très prononcé et, surtout, traînant toujours et encore cette odeur de pisse de chat en permanence. L'isolement me poursuit de plus belle. Les railleries sont très fréquentes. Je retourne tous les jours au collège, contrainte, peu enthousiaste, et surtout mal à l'aise. Malgré tout, je reste positive, car je me retrouve hors du domicile et de l'emprise de ma mère, ce qui me convient. Quand je rentre, chaque jour, ma mère, qui ne travaille toujours pas, m'ordonne de réaliser toutes les tâches ménagères qui lui passent par la tête – linge, litière des chats, sortie du chien (agréable), vaisselle, nettoyage de la cuisine, repassage… J'aime néanmoins repasser le linge, cette tâche me permet de réfléchir, de m'évader intellectuellement, bref, de rêvasser.

Un jour, lorsque je reviens du collège, ma mère m'interpelle. Elle m'a vue descendre les escaliers de l'espace vert qui mènent au bâtiment. D'emblée, elle me jette cette remarque : « Eh ben dis donc, tu n'es pas très aimable ! Tu ressembles à une porte de prison quand tu marches dehors ! » Je ne rétorque pas, bien sûr. Puis elle m'annonce qu'en feuilletant le journal régional, elle vient de trouver une petite annonce pour un coiffeur qui recherche des modèles. Elle, si pingre, m'explique que c'est l'occasion d'aller me faire coiffer gratuitement. Or, la mode n'est plus aux cheveux longs, mais plutôt aux coupes asymétriques, colorées. À cette époque, je suis fan de la coiffure dite « à la lionne ». Je me présente, comme indiqué dans l'annonce, le samedi matin, dans ce salon de coiffure, sans trop savoir comment aborder le sujet. J'entame néanmoins la conversation avec la coiffeuse :
— Bonjour.
— Bonjour, Mademoiselle.
— J'ai vu une annonce où vous recherchez des modèles.
— Oui, tout à fait. On peut te faire quelque chose de très joli, vu que tes cheveux sont très longs. Tu as des idées ?
— Oui, j'aimerais avoir la coiffure « à la lionne », comme la chanteuse Sloane.
— Euh, je crains que ce ne soit pas possible, nous ne faisons pas les permanentes. Et pour cette coiffure, il faudrait une permanente.
— Ah, dommage, j'aurais bien aimé.
— Je comprends bien, mais nous pouvons te faire autre chose, et tu seras très satisfaite.
— D'accord.

La coiffeuse m'installe aux bacs pour laver ma tignasse. Je me laisse entièrement prendre en charge, puis la coupe peut alors commencer. Je regarde chaque geste de la coiffeuse, mais ne dis rien. Elle jette un œil régulièrement dans le miroir que je ne quitte pas des yeux. Mon visage montre mon angoisse au fur et à mesure que les mèches tombent sous les coups de ciseaux. Un dégradé orne mon côté droit pour créer une mèche recouvrant mon œil. La coiffeuse tente de me rassurer. Pendant qu'elle s'occupe de moi, j'aperçois d'autres jeunes filles, dont les cheveux deviennent, à coups d'atomiseurs, colorés en vert, en rouge, en jaune, en bleu… Je n'aime pas, je demande alors à ne pas me faire colorer les cheveux. La coiffeuse accepte ma requête.

Au bout d'un long moment, ma coiffeuse attrape une tondeuse puis s'attelle à mon côté gauche du crâne. Et là, horreur, elle me tond puis retire le sabot pour dessiner une forme géométrique qui ressemble à un V. Dans le miroir, je constate, non pas un V, mais une racine carrée. Je suis tellement déçue que je me mets à pleurer. La coiffeuse, un peu gênée, m'explique que c'est la mode des cheveux courts et rasés, et que cette coupe au carré me va très bien. Personnellement, je ne l'aime pas, cette coiffure, j'ai beaucoup de mal à la supporter, elle n'a plus rien à voir avec ce que je souhaitais au départ. Bien sûr, je ne règle rien, c'est gratuit. Quand je rentre à la maison, ma mère s'exclame : « Ah, c'est pas mal, ce qu'ils t'ont fait ! » Ma mère doit être fière de voir le « carnage » qu'elle m'a demandé de faire à mes cheveux. Ils mettront ensuite de nombreuses années à retrouver une apparence acceptable. Le lundi suivant, je retourne à l'école, et j'entends des mots, des murmures concernant mon apparence. Je me sens très mal ; la honte, une fois de plus, accapare mon être.

Régulièrement, Fabien revient à la maison pour le week-end avec un sac chargé de linge sale dont il faut que je m'occupe prioritairement. Oui, mon frère est devenu le petit prince de la maison. Ma mère le vénère presque et, malgré moi, j'en deviens jalouse, sachant qu'il a même droit à la parole.

Ah, ma mère se découvre une nouvelle passion : l'aquariophilie. Elle est très fière d'avoir investi dans des aquariums et des poissons magnifiques. Entre autres, un aquarium contenant des cichlidés ; un autre contenant deux couples de piranhas, un autre contenant des poissons plus classiques comme des guppys, des néons, des scalaires, des combattants… Les cichlidés sont des poissons aux multiples couleurs qui ont la vertu de posséder une croissance rapide. Ils sont magnifiques et déjà imposants. Et devinez qui entretiendra les trois gros aquariums situés dans la salle de séjour ? Ce n'est pas elle. Elle passe le plus clair de son temps en chemise de nuit, ou en robe de chambre, sans être lavée, à jouer sur le minitel ou à regarder ses feuilletons à la télévision, ou encore à se pavaner devant ses poissons. Moi, je n'ai plus un seul moment pour m'occuper de mes devoirs et leçons, mes notes suivent une pente vertigineuse, les appréciations sur les bulletins sont peu flatteuses et j'ai de plus en plus honte vis-à-vis de mes camarades de classe. Chaque bulletin ou mot dans le livret de correspondance amène la sentence ultime : insultes, puis : « Dégage dans ta chambre, tu te passeras de manger. » Quant à Charlotte, elle semble épargnée de toutes les tâches ménagères, elle a du temps pour elle et n'est donc pas souvent sollicitée.

Le lot de corvées n'en finit jamais. Ma mère se charge d'une inspection régulière, sans prévenir. J'en termine une, une autre est déjà dans les tuyaux. C'est mal fait, à son goût ? Je recommence. Je n'en peux plus, je me sens épuisée, oppressée. J'en pleure fréquemment. J'ai envie d'exploser, mais me retiens. Si je souhaite aller aux toilettes, elle me l'interdit, car selon elle, il s'agit d'un nouveau prétexte pour ne pas débarrasser la table ou éviter le remplissage du lave-vaisselle. Pour moi qui apprécie les bains, la toilette m'est interdite car, toujours selon elle, il s'agit également d'une perte de temps. Aussi, à ses yeux, je suis une « coquette sale » et je le resterai. De mon côté, je m'attelle à trouver quelques moments fatidiques pour pouvoir me laver un peu, me brosser les dents, sans qu'elle le sache ; généralement, lorsque mes parents partent en courses ou lorsqu'elle file chez le médecin. C'est compliqué, mais j'y parviens de temps à autre, d'autant que la puberté est là, les poils poussent, la sudation fait son apparition, sans oublier les désagréments liés aux cycles menstruels. Je ne peux pas rester comme cela et me sentir sale.

J'oublie souvent que ma mère peut être dotée d'une grande imagination. Elle trouve rapidement un moyen pour m'éviter de prendre une douche, y compris pour ma sœur. Le moyen imparable qu'elle a trouvé récemment, pour m'empêcher d'utiliser la baignoire-sabot, est de ramasser tout le linge sale qu'elle peut trouver de part et d'autre de l'appartement. Elle le dépose ensuite dans la baignoire-sabot et ajoute un peu d'eau, suffisamment pour humidifier la totalité du linge entreposé et tassé. Elle laisse ensuite fuiter, en goutte-à-goutte, le robinet de la baignoire. Au bout de quelques jours, le linge pourrit, sent très mauvais, devient gluant, et des asticots font alors leur apparition. Histoire de me dégoûter davantage, lorsque le linge a bien macéré dans cette puanteur, elle m'ordonne de lancer une lessive. Je dois mettre les mains dedans, c'est atroce. J'ai envie de vomir. Le linge et ses habitants finissent alors dans le tambour du lave-linge et terminent leur cycle contre les parois du hublot. Après le cycle, je me charge d'étendre le linge aux étendoirs agrippés aux barreaux des garde-fous des fenêtres de la salle à manger. Pour chaque vêtement, je veille à bien secouer le linge à l'extérieur pour extraire les bestioles noyées. Au fur et à mesure que je vide la baignoire, ma mère ajoute encore et encore du linge. Ça n'en finit jamais, elle actionne le principe d'un vase communicant permanent.

Le repassage est également une nouvelle corvée qu'elle m'a attribuée. Autant de lessives, autant de corvées de repassage, que je réalise dans ma chambre. La table est pliée derrière la porte, et le fer à repasser trône sur une étagère en bois, à quatre niveaux. Il est sur l'étagère la plus haute. Parfois, ma mère entre inopinément dans ma chambre pour inspecter la manière dont je plie le linge repassé, et surtout la manière dont je le range. Chaque fois qu'elle débarque, je sursaute car, en plus de la surprise, je crains ses réactions. Si mon travail ne la convainc pas, elle sort violemment les piles que j'ai soigneusement rangées dans le placard et les balance à mes pieds pour que je recommence en me traitant de noms d'oiseaux comme « bonne à rien », « feignasse », « tricheuse », et un tout nouveau : « sainte-nitouche »… Elle m'écœure, je la déteste. Qu'ils sont loin, ces deux mois de vacances, seule, où je pouvais me permettre quelques libertés !

Ma mère, quant à elle, passe des journées paisibles, s'alimente « à sa manière », et surtout boit beaucoup d'alcools en tous genres. Mon père semble ne rien remarquer, il travaille à Wissous. Les jours se suivent avec leurs lots de contraintes. Très fréquemment, le soir, mes parents se déchirent sur des sujets que j'ignore encore aujourd'hui. L'alcool rend ma mère encore plus méchante, et extrêmement violente parfois. Mon père tente toujours de la calmer, parfois sans succès. Il justifie son comportement par : « Ne t'inquiète pas, ce n'est rien, ta mère est malade. » Il n'a que ça à la bouche, il a le don de m'agacer, car je sais pertinemment ce qui la met dans ces états-là. Il m'arrive même de devoir intervenir le soir pour les séparer afin que nous puissions enfin dormir. Un soir, ou plutôt en pleine nuit, ma mère hurle, elle hurle de plus en plus fort. J'entends crier : « Lucifer ! Lucifer, viens me chercher ! » Elle est couchée par terre, sous la table, sur le dos, elle agite ses bras. Je me lève et contemple ce désolant spectacle. Elle est en plein délire. Ça suffit ! Ma mère devient folle !

Dans ces moments-là, mon père ne peut rien faire, et nous ne pouvons pas dormir. Fréquemment, lorsqu'elle ne peut plus être maîtrisée, mon père, impuissant, décroche le téléphone pour faire intervenir les pompiers. Ah, je les ai souvent vus à la maison, les pompiers. J'ai honte, je sais ce qu'elle a, elle n'est pas malade, mais un verre de trop suffit à la mettre dans ce piteux état. Ils emmènent à chaque fois ma mère, qui revient dès le lendemain. L'accalmie est de courte durée, dommage ! Tous les deux ou trois jours, ça recommence, encore et encore, et de plus en plus intensément. Je suis toujours aussi mal à l'aise, au collège, et mes retours au domicile se font systématiquement la peur au ventre en imaginant ce que je pourrais découvrir à mon arrivée : ma mère en furie ? Pire, ma mère en plein délire ?

Un jour, comme les autres, ma mère a encore fait des siennes ! Je rentre du collège, elle n'est pas là, une chaise est sur le flanc, à terre, totalement détruite. Que s'est-il passé ? C'est étrange, cette ambiance où ma tortionnaire aurait déserté… Après quelques heures, mes parents reviennent. Ils étaient à l'hôpital. Ma mère revient avec un énorme bandage à la jambe droite. Elle s'est ouvert la jambe en tentant d'attraper quelque chose au-dessus des meubles de cuisine. J'analyse : la chaise échouée dans la cuisine, les placards de cuisine, sur l'un d'entre eux se trouvent des récipients contenant des fruits à l'eau-de-vie. Je comprends alors qu'elle a tenté de monter sur une chaise pour se saisir de ces alcools, mais cette dernière a cédé sous son poids. Bien fait pour elle ! Or, j'entends le récit que ma mère nous fait, à Charlotte et à moi, indiquant la longueur de la plaie et le nombre de points de suture. Assise sur ma chaise, je sens mes oreilles qui bourdonnent, ma tête ne tient plus sur mes épaules, je me sens soudain totalement vidée, je pars… je me retrouve un instant plus tard sous la table à mon tour, j'ai fait un terrible malaise en entendant les horribles propos de ma mère. Revenue à moi, progressivement, j'évite d'y repenser.

À force d'abus en tous genres, de jour en jour, ma mère prend du poids, énormément de poids, au point de devenir une personne obèse – 120 kilos au bas mot, pour 1,63 mètre. Je ne cesse de me marteler que jamais je ne lui ressemblerai, contrairement à ce que les membres de ma famille me disent lorsqu'ils nous rendent visite : « Qu'est-ce que tu ressembles à ta mère, toi ! » Ma mère aussi ajoute sa pierre à l'édifice : « Tu tiens de moi, tu seras comme moi, tu verras. » Non, je ne veux pas, je ne peux pas l'admettre. Je refuse catégoriquement. Plus tard, en effectuant quelques recherches sur Internet, je me rends compte qu'elle est atteinte de deux syndromes bien spécifiques, mais non diagnostiqués : Korsakoff et Diogène. Je comprends mieux alors cette incurie inacceptable. Je regrette cependant que Charlotte, ma petite sœur, en hérite plus tard.

Quant aux repas, ils ne sont pas élaborés du tout. Nous devons manger ce qui nous est proposé, c'est-à-dire, ce que ma mère décide. Ah, une nouvelle lubie de ma mère, qui grossit inexorablement : tout le monde doit se mettre au régime, même nous qui sommes déjà peu fringantes. Plus de sel, plus de sucre, plus de matière grasse à partir de maintenant… déjà qu'on n'en avait pas beaucoup, là, c'est « nada ! ». La vinaigrette est faite à base d'huile de paraffine, ce qui me provoque des désagréments intestinaux très gênants, laissant des marques disgracieuses sur mes vêtements, sans même que je m'en rende compte.

Si le repas ne nous plaît pas, elle nous ordonne de quitter la table et de repartir dans notre chambre. Ma sœur et moi, nous nous forçons à avaler des aliments à peine préparés ou littéralement immangeables. Nous nous regardons souvent, par pitié l'une pour l'autre. Certaines assiettées nous provoquent même des haut-le-cœur sur lesquels mes parents ne s'attardent pas, faisant mine de ne rien remarquer. Je me souviens, entre autres, de ces boîtes de conserve de haricots verts, d'épinards ou de salsifis réchauffés au bain-marie dans leur boîte en ferraille, de viandes souvent avariées et de médiocre qualité. Parmi ces viandes, nous avions droit à des queues de porc cuites à l'eau avec des haricots blancs, des tranches de mamelles revenues simplement à la poêle dans un peu d'eau, de la cervelle ébouillantée dans de l'eau non salée. Aussi, concernant les yaourts nature ou aux fruits que ma mère achète pour elle-même, mais qu'elle ne mange pas, il nous est interdit d'y toucher – et ils sont comptés –, elle préfère les laisser se périmer. Nous sommes, au bout d'un moment, forcées de les manger pour ne pas perdre ces denrées. Les yaourts sont tournés, éventés et souvent moisis. Nous apercevons fréquemment des plaques de moisissure sur le dessus que nous enlevons délicatement à l'aide de notre cuillère, tout en grimaçant. Ma mère, qui prend plaisir à m'insulter régulièrement, me dit : « Cesse de faire ta mijaurée, car le moisi, c'est de la pénicilline. Il faut la manger pour ne pas tomber malade. » Pour le coup, je ne peux pas obéir, c'est plus fort que moi. Je mange le yaourt en retirant précautionneusement cette moisissure qui m'écœure.

Lorsqu'ils décident de prendre l'apéritif, bien sûr, nous n'avons pas droit à du sirop ou quelque soda que ce soit, mais uniquement de l'eau au robinet. Un jour, différent de nombreux autres, mon père s'empresse de se diriger vers la cuisine et nous apporte quelques minutes plus tard nos verres pour l'apéritif. Ils sont remplis d'un liquide qui, au premier abord, ne nous met pas l'eau à la bouche, loin de là ! Mais, qu'est-ce que c'est ? Mon père, fier, nous dit : « Aujourd'hui, c'est apéritif pour tout le monde ! » Il avait ouvert une boîte de conserve puis en avait déversé le jus équitablement dans nos verres. Nous trouvons cela un peu étrange, et remercions mon père. Ça change de l'eau du robinet, certes. Nous goûtons et, contre toute attente, nous apprécions ce jus de haricots verts.

Le médecin de famille préconise à ma mère de suivre un programme d'amaigrissement en cures thermales annuelles. Un mois sans la présence de ma mère, enfin, je ressens alors une bouffée d'air se dessiner, un sentiment de liberté à l'approche de son départ. Plus de pompiers, plus de bagarres entre mon père et ma mère, plus de corvées, plus d'humiliations, plus d'insultes. Ah, J'ai hâte !

Kinou commence à vieillir, souffre d'arthrose, son train arrière ne veut plus le soutenir, c'est malheureusement une maladie récurrente aux races de bergers. Une journée de juin, je tente de l'aider à se déplacer en lui prenant la tête entre mes mains, pour essayer de le mettre debout. Je ne soupçonne pas un instant sa réaction ; subitement, mon chien me mord violemment au niveau du poignet. Machinalement, je le lâche et constate que mon sang commence à couler et, de nouveau, je suis prise d'un début d'évanouissement. Sentant arriver le malaise, je me réfugie rapidement dans ma chambre et me laisse tomber sur mon lit. Je suis dans le gaz ! J'entends ma mère dire à mon père : « Laisse-la, il va bien falloir qu'elle s'endurcisse ! » Le temps que je retrouve mes esprits, mon poignet s'est mis à saigner abondamment. Mon père finit par entrer dans ma chambre pour me soigner, désobéissant ainsi à ma mère. Il nettoie ma plaie que j'évite de regarder, puis me prodigue un bandage. Je me sens déjà mieux. Quant à ce pauvre Kinou, le chien que j'ai toujours connu puisque nous avons le même âge, il décédera quelques semaines plus tard, à l'aube de ses 15 ans.

CHAPITRE 5

L'été 1984 sonne le premier départ de ma mère pour la cure. Enfin une bénédiction ! Elle part pendant un mois, au Boulou, près de Perpignan, dans les Pyrénées-Orientales. Mon père aime ma mère et, à peine est-elle partie, qu'il commence déjà à préparer son retour. Il nous explique ce qu'il compte faire : mettre un bon coup de neuf à l'appartement. Pour ce faire, les corvées reprennent de plus belle et c'est mon père qui les instaure et les dirige : il faut nettoyer leur chambre, changer la tapisserie et les moquettes, tout en conservant les travaux domestiques habituels. Tout doit être impeccable. Ses maîtres-mots sont qu'il faut absolument que ma mère se sente bien à son retour. J'obéis. Ma sœur est là, heureusement, pour m'aider. Nous nous soutenons, toutes les deux. Leur chambre est un capharnaüm indescriptible : de nombreux détritus, du linge sale, des journaux et des revues tapissent le sol. Tous les papiers peints et moquettes de l'appartement sont imprégnés de cette odeur ambiante. L'appartement sent vraiment très mauvais. Un coup de frais est effectivement plus que nécessaire, et nous nous attelons aux tâches, avec un entrain évident et, surtout, obligatoire. Au retour de sa cure, ma mère ne montre aucune satisfaction, comme si elle était partie la veille, hormis celle d'avoir perdu ses 20 kilos en un mois. Néanmoins, sitôt rentrée, elle retombe dans ses travers et la vie continue. Les corvées réapparaissent. L'alcool continue de couler à volonté.

Chaque année suivante, rebelote. Une nouvelle cure se profile. Chaque année, un endroit différent pour elle. Dès la deuxième année, paradoxalement, je commence à redouter l'absence de ma mère.

Nous sommes en été 1985, j'ai 15 ans et demi. Après le départ de ma mère pour sa cure thermale, mon père part faire quelques courses, seul. Il revient, les sacs chargés d'aliments et boissons qui nous étaient interdits jusque-là : des biscuits, du cola, de la viande, des sauces, des yaourts… Il se met à cuisiner, ce qui nous évite de consommer ces fameuses boîtes de conserve chauffées au bain-marie. Même les viandes sont totalement différentes. Nous nous réjouissons, car nous comprenons que toutes ces bonnes choses sont, enfin, pour nous. Je retrouve un papa qui se charge de nous faire à manger, de discuter avec nous, qui devient plutôt sympathique et agréable. Je n'ai jamais vu mon père sous ces aspects. L'ambiance est beaucoup plus sereine, moins lourde. Nous nous surprenons à rire et à blaguer. Mon père me montre la manière dont il cuisine la blanquette, le bourguignon ou le pot-au-feu. Je prends plaisir à apprendre cet art de cuisiner, de préparer, de faire mijoter ces bons petits plats. Un après-midi, il me propose même de m'apprendre à conduire le Renault Trafic, son véhicule de société. Je n'en crois pas mes oreilles. J'accepte, très enthousiaste. Nous partons un beau matin, mon père conduit son véhicule jusqu'aux abords des étangs de Viry-Châtillon. Soudain, il s'arrête, coupe le moteur puis sort de la camionnette. Il ouvre ma portière et m'ordonne : « Prends le volant ! » Désemparée, j'hésite une ou deux petites secondes, puis sors de l'habitacle pour m'installer au volant. Lui, s'installe côté passager. Il me donne les directives une par une, que je réalise sans appréhension, jusqu'à ce que le camion commence à avancer. Waouh ! J'ai peur, mais j'aime bien. Je domine la route, c'est plutôt agréable. J'évite d'accélérer et le véhicule avance inexorablement. J'affiche un joli sourire, je suis fière, et surtout, je n'ai même plus peur. Mon père, voyant que je prends du plaisir, me laisse conduire lentement pendant une bonne demi-heure, puis cesse l'apprentissage. Il reprend la main, puis nous rentrons à la maison.

Un soir, comme tous les soirs, nous nous retrouvons tous les trois autour de la table pour le dîner, la télé est allumée, c'est l'heure du journal télévisé. Soudain, mon père nous propose, à Charlotte et à moi, un verre de cola que nous acceptons bien volontiers. Enjouées, nous le buvons. Nous commençons à apprécier ce bouleversement qui s'opère. Papa est devenu gentil avec nous, sa voix est très douce, il nous apprend énormément de choses, il n'y a plus cette autorité pesante entre ces murs. Nous dînons un plat qu'il nous avait préparé : la langue de bœuf et sa sauce tomate piquante, ainsi que du riz blanc pour l'accompagner. C'est excellent ! Nous regardons la télévision alors que, d'habitude, nous devons regarder uniquement nos assiettes. En fin de repas, nous entamons le débarrassage de la table, le remplissage du lave-vaisselle, comme d'habitude. Ma sœur, soudain très fatiguée, décide d'aller se coucher. Dans notre chambre, nous occupons des lits superposés. Elle dort dans celui du haut, et moi, dans celui du bas.

Ne comptant pas me coucher à ce moment-là, sans aucune crainte, je m'installe à table puis ouvre un de ces magazines auxquels ma mère est abonnée pour tenter de compléter une grille de mots fléchés qui tient sur une double-page. Le niveau est assez difficile, mais je parviens à trouver quelques mots. J'apprécie toutes les formes de jeux de lettres, dont notamment les mots fléchés, les mots croisés, les mots casés…

Mon père est là, à table également, et me propose son aide pour tenter d'élucider cette grille dans laquelle certaines définitions ne m'inspirent guère. Il évite de me donner directement la réponse, mais me propose des synonymes pour m'aiguiller. J'apprécie cette complicité et suis fière, non seulement de partager ce moment avec mon père, mais également de trouver certains mots moi-même. Il me félicite parfois et j'en suis ravie. Oui, il aime les mots fléchés aussi, et je l'ignorais. Au bout d'un court moment de cogitation face à notre grille, la fatigue m'emporte, mes yeux se croisent. Je tente de lutter, en vain. Mes paupières commencent à tomber, je n'arrive pas à me ressaisir. Cette fatigue me semble étrange, mais ne m'inquiète pas, d'autant que ma tension artérielle a tendance à chuter, fréquemment, sans raison apparente. Je me lève de ma chaise pour fermer les doubles-rideaux avant d'annoncer à mon père que je file me coucher, me sentant de moins en moins bien, perdant progressivement mon équilibre. Mon père me retient lorsque je feins de tomber. Ensuite, je ne sais pas…

Au bout d'un moment que je ne saurais estimer, je me réveille et constate que je ne suis pas dans ma chambre, mais dans celle de mes parents. Comment est-ce possible ? Je vois mon père au-dessus de moi. J'ai très mal. Que fait-il ? Pourquoi suis-je ici ? Depuis quand ? Que se passe-t-il ? Rapidement, je comprends qu'il fait des choses étranges, mais je ne saurais les décrire. Je suis incapable de lui poser la moindre question. Je subis, j'attends que ça se termine et continue de cogiter, encore vaseuse, telle une poupée de chiffon, sans dire un mot. Mon père me porte, me dépose sur mon lit, me chuchote « dors » et repart de ma chambre. Je me rendors très rapidement. Le lendemain matin, je me pose toujours toutes ces questions en évitant autant que faire se peut le regard de mon père. Je ne sais pas si je dois avoir honte ou avoir peur. Je repère néanmoins quelque chose d'inhabituel dans son attitude. Il joue son rôle de père à la perfection envers Charlotte et moi. Cette incompréhension me terrasse. Je me sens ballottée entre ce sentiment agréable d'être considérée par un de mes parents, et l'ignominie que je viens de subir.

Les jours se suivent et le même scénario se produit. Toujours les mêmes vertiges, toujours la même attitude de mon père vis-à-vis de nous. Et encore, je me réveille dans sa chambre. Je crois que je commence à comprendre. Je lui pose la seule question qui me vient à ce moment-là : « Pourquoi tu fais ça ? » Il me répond : « Tu ressembles tellement à ta mère… » Quoi, toujours cette image de moi que je déteste ! Il me supplie de ne rien dire et de me laisser faire. J'obéis, mais je souffre, je ne sais plus quoi dire, je ne sais pas comment faire pour qu'il arrête. Surtout, je crains mon père. J'ai très peur de lui et ne comprends pas non plus pourquoi Charlotte ne se rend compte de rien. Met-il quelque chose dans nos verres, à toutes les deux ? Certainement, mais quoi ? Mystère ! Ce que j'ignore, à cette époque, c'est que ma mère partira en cure tous les étés, pendant quatre ans, et que ce même scénario organisé par mon père se reproduira inlassablement.

Enfin, la fin de la cure pour ma mère s'annonce. Contre toute attente, je ressens comme un grand soulagement à l'idée de la savoir de retour, même si je sais pertinemment ce qui se produira ensuite. En effet, inexorablement, la réalité revient rapidement au galop avec ses interdictions en tous genres, la malnutrition, les obligations, les corvées, les multiples insultes, et bien sûr, les soirées alcoolisées qui tournent toujours au cauchemar… et mon père qui ne jouera plus les papas modèles. Mais au fond, qu'est-ce que je préfère, dans tout ça ? C'est confus dans mon esprit.

Au retour de sa cure, je remarque que ma mère est chargée de plusieurs cabas. Je jette un œil furtif et aperçois de nombreuses boîtes de chocolats, en trois exemplaires. Fabien est présent ce week-end-là. Elle a suivi sa cure du côté de la frontière suisse et a rapporté des chocolats suisses. Pour nous ? Pas sûr, mais l'espoir fait vivre. Je préviens alors Fabien et Charlotte de ma découverte. Si l'on doit mériter ces chocolats, il faut que nous fassions tout ce que nous pouvons pour que maman n'ait rien à nous reprocher. Même si nous en faisons déjà beaucoup, nous devons en faire encore plus, et mieux. Elle finira peut-être par nous céder quelques chocolats. Malgré tous nos efforts, rien ne vient, jour après jour, mois après mois, rien, absolument rien. Nous n'avons jamais osé lui poser la question comme : « On a vu des chocolats, c'est pour nous ? » Cependant, nous aurions dû nous douter que jamais elle ne nous aurait donné quoi que ce soit, elle est comme ça et ne changera jamais.

L'année suivante, en nettoyant sa chambre pendant son absence, je retrouverai, au milieu du linge, des journaux et de la crasse, une multitude de papiers de chocolat sous le lit. Je comprendrai alors, une fois de plus, ma désillusion. En effet, l'espoir fait vivre !

À part sa perte de poids évidente, elle n'a malheureusement pas changé. Elle conserve le même état d'esprit et toujours cette méchanceté gratuite, m'affublant régulièrement de tous les noms d'oiseaux qu'elle avait pour habitude de me lancer.

Connaissant le résultat de mes épreuves de BEPC que j'ai passées et que je n'ai pas réussies, elle se demande ce qu'elle va bien pouvoir faire de cette fille, bonne à rien et incapable d'utiliser ses dix doigts, selon elle. Elle envisage de me trouver un employeur pour démarrer des stages d'été : le premier chez son coiffeur. Ce stage est peu concluant, car la station debout prolongée me fait souffrir au niveau du dos, et mes voûtes plantaires sont très sensibles. Le deuxième stage, en tant que vendeuse dans une boulangerie, est peu concluant pour les mêmes raisons, et je n'apprécie pas du tout ce métier. Après ces deux expériences, ma mère découvre, en lisant le journal, une petite annonce. Elle souhaite m'inscrire en apprentissage dans une école de secrétariat à Paris, mais avant cela, il faudra passer des tests. Le jour de ces tests, elle décide de m'accompagner jusqu'à Paris. Je réussis cette épreuve avec brio, puis suis reçue en entretien. Je coche toutes les cases pour que l'établissement accepte mon inscription, sauf une : je n'ai pas encore 16 ans, âge requis pour s'y inscrire ; ça se joue à un mois près, l'entrée se faisant en octobre, et je suis née en novembre. L'ultime condition pour que je sois admise par dérogation serait que je trouve un employeur qui accepte un contrat d'apprentissage de deux années. L'école, située dans le 17e arrondissement, me propose deux employeurs, dont l'un, dans le 1er arrondissement, accepte ma candidature. Ce sera donc au Centre national d'études spatiales, situé aux Halles, à Paris. Cet organisme prestigieux flatte l'orgueil de mes parents, surtout celui de mon père qui est passionné par le domaine aérospatial. Pour moi, c'est gagné, je me découvre un objectif : entrer dans la vie active, loin de la folie destructrice de mes parents, pour préparer le CAP de sténodactylographe. Certes, ce n'était pas dans mes projets, mais je vais tout de même m'en contenter.

J'entre à l'école de secrétariat à la rentrée d'octobre 1985. Je découvre les autres apprenties, toutes majeures, sauf une, Zabou qui, comme moi, est entrée par dérogation. Elle est très jolie, Zabou, elle sait maquiller parfaitement ses yeux bleus en appliquant un fard à paupière dans les tons pastel, puis en dessinant un trait d'eye-liner noir. La regarder est un ravissement pour moi, dont le maquillage m'est fermement proscrit. Néanmoins, j'apprécie le fait d'être entrée dans une section d'adultes, l'ambiance y est totalement différente du collège. Le 17e arrondissement est un très beau quartier de Paris. Je suis enfin heureuse, je trouve ma voie et me sens à l'aise, maîtrisant le français. Les apprentissages techniques de sténo et dactylographie sont, la première année, difficiles, mais j'entrevois mon projet professionnel en absorbant les apprentissages prodigués par ma formatrice en secrétariat. J'imagine même, en écoutant les paroles de ma formatrice, exercer, qui sait, ce métier plus tard. Les trajets sont longs en transports en commun, mais profitables. En effet, n'ayant aucune marge de liberté chez mes parents, je peux enfin réaliser mes travaux dans le RER matin et soir, je peux dormir quand c'est nécessaire, et surtout, je ne suis pas à la maison pendant de nombreuses heures de la journée. Les vacances sont raccourcies, puisque je les passe chez l'employeur, en tant que salariée, le Code du travail faisant foi. Je m'épanouis enfin. Malgré mon âge, ma mère continue de me forcer à porter les vêtements qu'elle choisit elle-même avec interdiction de porter autre chose que ce qu'elle me prépare. Je me souviens particulièrement de ce tailleur jupe longue, de couleur rose bonbon, que je dois porter régulièrement avec des escarpins à petits talons fins. Ce tailleur me met mal dans ma peau, et les chaussures m'empêchent de marcher correctement.

Quelques mois après mon entrée dans la vie active, je reçois par la poste, enfin, le diplôme de mon brevet des collèges que j'avais passé presque deux années auparavant. À ce moment-là, la colère monte en moi, j'en veux terriblement à mes parents et à ce déménagement précipité. J'aurai dû entrer en classe de seconde, mais ils m'en ont empêchée.

Chaque week-end, je m'isole dès que possible dans ma chambre pour assumer le repassage qui représente à mes yeux la corvée la plus agréable. Pour qu'elle soit encore plus agréable, j'allume la radio et entreprends de repasser le maximum de linge sur les rythmes des chansons qui passent sur les ondes. L'une d'entre elles, cependant, me met terriblement mal à l'aise ; elle relate les relations tendancieuses entre un père et sa fille. Elle fait un carton sur toutes les ondes, est classée au Top 50 pendant plusieurs semaines, et passe fréquemment sur NRJ, ma station de radio préférée. Elle me chamboule totalement, me provoque des suées, presque envie de pleurer. Le clip vidéo est pour moi d'une violence extrême. Je ne peux ni regarder le clip ni laisser cette chanson entrer dans mon cerveau. Pourquoi n'est-elle pas interdite, cette chanson ? Elle me fait terriblement mal, partout, dans la tête, dans le cœur, dans le corps tout entier.

Je poursuis mon cursus d'apprentissage en alternance et mes résultats sont excellents, je me sens fière et, surtout, remplie de ce sentiment de liberté une grande partie de mes journées.

Je gère mon début de vie professionnelle et m'accroche pour atteindre l'objectif que je me suis fixé : la réussite et, surtout, l'obtention des deux diplômes que sont le fameux CAP de sténodactylographe et le BEP d'agent de correspondance. Il le faut absolument. Je dois prouver à ma mère que je ne suis pas une « bonne à rien ». Rien n'est perdu et j'en suis ravie. Un samedi, peu avant mes épreuves, mes parents décident de m'emmener consulter une voyante. Cette dernière me met en relation spirituelle avec ma grand-mère maternelle. A la question « va-t-elle réussir ses examens ? », la réponse qui apparait sur la table de Ouija me foudroie « Non ». Je me sens alors totalement dévastée et fonds en larmes. Ma mère a-t-elle raison lorsqu'elle me traite d'incapable ? Je perçois un petit salaire, 17 % du SMIC le premier mois, puis celui-ci évolue au fur et à mesure des semestres qui défilent, 25, 35, 45 %… J'ouvre rapidement un compte bancaire dont mes parents ont la procuration puisque je suis encore mineure. Ces salaires, je ne les vois pas, car ma mère a décidé de gérer mon compte ; en effet, elle a en sa possession ma carte bleue, mon chéquier, et reçoit les relevés. Bien sûr, je ne vois rien, elle ne me montre rien et contrôle tout. Cependant, elle me remet quelques francs par semaine, au cas où – si peu de monnaie pour une semaine. Elle se sert entièrement de mes revenus, voire plus. Mon frère, lui, débarque généralement le week-end, sauf quelques exceptions.

Au fil du temps, je reçois de plus en plus de lettres recommandées de la banque pour impayés, jusqu'à une ultime lettre m'annonçant le montant exorbitant du découvert qu'elle m'a infligé (près de 10 000 francs, soit 1 500 euros environ) et que je dois impérativement recouvrir rapidement sous peine de poursuites. Je ne comprends pas comment j'ai pu en arriver là, sans avoir touché à un seul centime de mon compte bancaire. Désemparée, je me demande alors comment je vais faire pour rembourser cette énorme somme. Je n'ai pas le choix, il faut que je me rende à la banque pour expliquer la situation. Mon père décide de m'y accompagner en tentant de me rassurer. Nous trouvons alors la seule solution possible, aux dires du conseiller bancaire, qui permet de ne pas être fichée de manière définitive à la Banque de France : recouvrir ce débit par l'octroi d'un prêt à la consommation. Je n'ai d'autre choix que d'accepter. Je comprends alors que mon père m'a accompagnée à la banque pour dédouaner les agissements incontrôlés de ma mère. Le salaire de mon père et la rente d'invalidité de ma mère ne suffisent-ils pas ? Que font-ils de leur argent ? Pourquoi utilisent-ils le mien ? Touchent-ils également aux revenus de Charlotte ? Fabien, quant à lui, est épargné, il touche son salaire, et n'a rien à voir dans cette vie de famille. Il revient de temps en temps à la maison, démontrant ses talents de cuisinier et se pavanant de récolter pas mal de pourboires, sous les yeux admiratifs de mes parents. J'en suis presque jalouse. Aussi, le petit prince doit avoir son lit, et de préférence celui qui se trouve en hauteur. Charlotte cède donc le sien. Quant à moi, je dois céder le mien à ma sœur, sur ordre de ma mère qui prétend que je peux dormir par terre, sous prétexte que « c'est bon pour le dos » et que « le sol est chauffé ». De toute façon, je dois obtempérer, aucun autre choix possible. Parfois, Charlotte me propose une petite place dans son lit, elle a pitié de moi. J'accepte, mais je n'y tiens pas vraiment. Il nous reste peu de place, je dors très mal. À choisir, je préfère encore rester par terre. En pleine nuit, pendant que tout le monde dort, j'en profite pour visiter régulièrement les poches de Fabien, car je sais qu'il engrange énormément de pourboires en espèces pendant ses journées de travail en restauration. Je subtilise alors, sans qu'il s'en aperçoive, quelques francs pour arrondir ma petite somme d'argent de poche. Après tout, zut, c'est mon grand frère, il peut bien me laisser lui voler quelques pièces, solidarité oblige !

Dans un autre registre, beaucoup plus intime celui-là, je me rends compte, un matin, d'un problème. Durant les premiers jours, je préfère ne pas en parler, espérant que ce n'est que

passager et que le temps fera le nécessaire. Au bout de quatre ou cinq jours, voyant que mon état de santé n'évolue pas, j'entreprends ma mère et lui explique ce dysfonctionnement, mais elle ne réagit pas, elle ne m'écoute pas. Elle se fiche totalement de mes états d'âme. Mon père est dans les parages, il m'entend. Il propose à ma mère de me prendre un rendez-vous chez un gynécologue. Ma mère s'empare alors du téléphone pour contacter le médecin de famille qui lui fixe un rendez-vous dans la journée. Mon père suggère alors de m'y accompagner. Ma mère, très casanière, accepte et me laisse partir avec lui. C'est la première fois que je consulte le moindre médecin, j'ai un peu la trouille. En voiture, dans la CX, c'est un long silence qui s'instaure, mon inquiétude est palpable. Le médecin est à quelques pâtés de maisons de chez nous. Mon père gare le véhicule près du cabinet, puis dès la sortie, me dit : « Si le docteur te demande si tu as déjà eu des rapports sexuels, tu lui réponds Oui. » J'obéis, mais l'envie de dire « non » me démange, car c'est la vérité. Je n'ai jamais eu de rapports sexuels, et ne comprends pas pourquoi cette mise en garde. Le docteur nous reçoit. Mon père reste en retrait dans le cabinet, mais assiste à la discussion entre le médecin et moi. Je sais qu'il m'écoute. Le docteur, assez âgé, me tutoie, il a l'air gentil :
— Bonjour, qu'est-ce qu'il t'arrive ?
— J'ai un problème, Docteur, j'ai des pertes brunâtres.
— Déshabille-toi, installe-toi, je vais regarder cela.
Je m'exécute, malgré ma pudeur extrême. Après que je me suis m'installée, le médecin soulève mes jambes une par une pour les placer dans les étriers. Celles-ci se rapprochent instinctivement l'une de l'autre. Il me demande de me détendre et commence la discussion avec moi :
— Tu as déjà eu des rapports sexuels ?
— Oui (ma réponse est brève, et presque inaudible).
— D'accord. Il n'y a rien de grave, tu as une vaginite. Je vais te donner un traitement que tu devras suivre pendant une semaine, et tout reviendra dans l'ordre.

Soulagée, mais honteuse d'avoir menti et d'avoir eu à montrer mon intimité, je le remercie. Mon père règle la consultation avec ma carte bleue, nous saluons le médecin puis repartons. Nous faisons une escale à la pharmacie pour prendre ce traitement.

Octobre 1987, après deux années d'apprentissage, j'obtiens les deux diplômes préparés et suis très heureuse, car au fond de moi, je me dis que ma mère ne peut plus me hurler cette insulte « bonne à rien » à tout va. Je suis enfin diplômée. Je peux prouver le contraire de ce qu'elle a toujours pensé de moi. Mes parents ne daignent même pas me féliciter. D'ailleurs, de nouveaux qualificatifs me sont attribués : pimbêche, mijaurée, vaurienne, manche, souillon, empotée, gnangnan… Mais je décide de ne pas me laisser abattre par ces injures jetées à la volée, à la moindre opportunité. L'obtention de ces deux diplômes me permet également de poursuivre deux années supplémentaires au sein de la même école et du même employeur prestigieux, toujours en alternance, pour préparer le diplôme supérieur : le baccalauréat professionnel. Une fille bachelière suffirait à enfin obtenir cette reconnaissance tant désirée ? Cela flatterait, selon moi, la fierté de mes parents. Quelle aubaine ! Peut-être me considèreront-ils enfin différemment ?

J'ai presque 18 ans, mais une question me taraude : Suis-je capable de tenir encore deux ans dans ces conditions, à subir ce que je subis ? Et si je partais ? Une fugue ? Quand ? Comment ? Pour aller où ? Et ma sœur, que deviendrait-elle ? Subirait-elle les mêmes sévices ? Je décide alors de lui parler franchement de ce que je vis lorsque notre mère s'absente pendant ses cures estivales. Elle semble découvrir, me jure ne pas être au courant et précise qu'elle a quelques doutes, mais… Je me demande même si elle me croit. Je lui explique que je ne peux pas continuer ainsi, mais que j'attendrai sa majorité pour l'emmener avec moi. Je crains pour Charlotte. Je dois absolument la protéger, c'est mon devoir.

Charlotte travaille actuellement dans une boulangerie en tant qu'apprentie, en alternance pour obtenir son CAP de vendeuse. Encore une aubaine pour nos estomacs ; sa patronne l'autorise à nous rapporter tous les dimanches midi des invendus, et quels invendus ! Des éclairs, des religieuses, des flans, des tartelettes… Le rituel est bien rodé : dès son arrivée à la maison, vers 14 heures, elle se dirige directement vers notre chambre pour les cacher soigneusement au fond de l'armoire. Nous nous en délecterons le soir même, avec ou sans Fabien.

Malgré toute l'énergie que je déploie dans la construction de mon avenir, mes parents ne me lâchent toujours pas et ne prononcent jamais un mot positif à mon égard. Ma mère m'insulte toujours régulièrement et m'ordonne, chaque jour, dès mon retour de Paris, d'effectuer de nombreuses tâches ménagères, m'interdit toute sortie le week-end. Mon père, quant à lui, a définitivement abandonné ses coups pour des douleurs bien plus profondes dès que ma mère a le dos tourné. Tous les ans, à la même période, le même scénario se répète. Il faut que ça cesse, je n'en peux vraiment plus. Je ne peux me confier à personne, à qui que ce soit, personne n'y croirait de toute façon, j'en suis certaine, et je n'ai aucune amie.

CHAPITRE 6

Tiens, encore une nouveauté ! Ma mère s'inscrit dans un programme de vente de produits d'hygiène et de beauté, bien connu à l'époque. Ironie du sort, je trouve que les mots « hygiène » et « beauté » forment un sacré contraste avec sa personne et sa façon de vivre. En tout cas, ça devrait enfin l'occuper, c'est cool… Eh bien non, encore un faux espoir ! Elle reste toujours cloîtrée à la maison, au milieu de ses verres d'alcool et face à sa télévision ou à son minitel chéri. Mais qui va se charger de vendre ces produits ? Devinez ! C'est nous, les filles, après nos journées de travail. Très rapidement, ma mère me missionne pour faire du porte-à-porte, le soir, comme si j'avais beaucoup de temps libre, moi ! Néanmoins, cela me procure une sortie que j'apprécie particulièrement. Je demande à ma sœur de m'accompagner pour qu'elle participe à ces sorties providentielles. Nous parvenons à intéresser quelques-unes de nos voisines avec nos démonstrations de produits. Nous ne savons pas, à ce moment-là, que l'une d'entre elles sera notre « porte de sortie ». Les ventes s'enchaînent, les livraisons aussi. C'est toujours nous qui nous chargeons des démarches, mais c'est elle qui encaisse, bien évidemment, la commission sur les ventes enregistrées, à raison de 38 % du montant hors taxes. De toute façon, je n'imagine même pas toucher un malheureux kopeck en guise de sous-commission.

Juillet 1989, mes épreuves du bac professionnel sont passées, j'obtiens mon diplôme avec mention, le tout non valorisé par mes parents. Tant pis, je me suis fait une raison.

Un après-midi, cette voisine, Marinette, une femme d'une soixantaine d'années, dont les enfants sont tous plus âgés que nous, nous invite, ma sœur et moi, chez elle pour une démonstration de vaisselle en plastique, bien connue également à l'époque. Ma mère m'autorise à me rendre chez Marinette, puisqu'il s'agit d'une cliente de nos produits. Ce samedi-là, je rencontre, parmi les clients, un homme venu participer à cette réunion. Ils se connaissent bien, il est copain avec ses fils. Je le trouve très beau avec sa chevelure mi-longue, brune et bouclée. Son tee-shirt sans manches laisse apparaître des bras musclés, des épaules larges, ainsi que des tatouages. En plus de sa beauté, il semble à la fois fort et tendre. Son regard d'un vert très clair m'attire énormément, mais sa moustache m'indique qu'il semble bien plus âgé que moi ; en effet, douze années nous séparent. Celui-ci, prénommé Serge, me plaît énormément et j'ai l'impression que c'est réciproque. Je deviens cliente, volontairement, de ces produits en plastique, afin de conserver le contact. Quant à lui, il se positionne comme client de nos produits dont il existe, fort heureusement, des gammes pour hommes. Cet échange de bons procédés nous permet de nous retrouver régulièrement, sans que mes parents s'en aperçoivent, enfin, durant un certain temps.

Un soir, Serge se présente à la maison. Mon cœur s'emballe. Il vient chercher sa commande. Mes parents l'accueillent et cherchent à discuter avec lui ; ils lui proposent, contre toute attente, de prendre un verre avec eux. Bien sûr, il accepte volontiers. Nous échangeons furtivement des regards, des sourires et quelques signes, mais mes parents ne sont pas dupes. Ils constatent le manège. Soudain, la sonnette retentit. Mes parents sont occupés, je vais ouvrir la porte d'entrée. Je découvre un livreur portant un énorme bouquet de roses rouges. Celui-ci me demande : « Valérie Guyot ? » Je réponds que c'est bien moi, et il me tend ce magnifique et impressionnant bouquet. Refermant la porte, je sens le parfum de ces fleurs monter dans mes narines ; je cherche une petite carte, mais ne trouve rien. Naïve, je demande à Serge : « Ce n'est pas toi, par hasard ? » Il me répond que non, montrant un léger sourire. Contrairement à moi, je pense que mes parents ont compris qu'il s'agissait bien de Serge. J'installe les fleurs dans un vase, puis le dépose sur le buffet de la salle à manger. Serge ne plaît pas du tout à mes parents, ça se voit ! Les raisons ? Il y en a une flopée : il est d'origine polonaise – mes parents sont racistes –, il est âgé et a déjà deux enfants nés d'une première union, Alex et Aurore, il est tatoué sur les bras, il fume et conduit trop nerveusement, selon eux, son Opel Ascona bleue. Il est hors de question qu'il s'amourache de leur fille. Mes parents, après son départ, se mettent à dresser un sombre tableau du personnage qu'ils viennent d'entreprendre, et à lui construire un passé : c'est un repris de justice, un drogué, un proxénète… ça y est ! Il est habillé pour l'hiver ! Pour ce qui me concerne, la bataille s'annonce des plus rudes si je persiste à vouloir le revoir.

Mes parents décident alors de monter un surprenant stratagème : ils contactent leurs amis d'enfance, Martine et Pierre, pour qu'ils m'accueillent une quinzaine de jours chez eux, à Charenton-le-Pont, dans le Val-de-Marne, dans le but de m'éloigner de cet homme et de m'éviter éventuellement d'autres tentations. Je connais bien Martine et Pierre, ils sont, à mes yeux, ce que j'appelle des « bons vivants ». D'ailleurs, ils viennent souvent à la maison, et en contrepartie, nous nous rendons fréquemment à Charenton. À chaque fois que nous nous retrouvons, Martine, qui est fumeuse, me propose, devant mes parents, une cigarette, en guise de provocation, pour que mes parents tolèrent le fait que je fume. Je crains leur réaction, mais tant pis, ils ne peuvent rien dire tant que Martine et Pierre sont présents. Je l'accepte et fume la cigarette avec elle, devant eux. J'aime bien leur faire cet affront, car ma mère m'a déjà surprise et j'ai eu droit, à ces moments-là, à une bonne trempe à coups de laisse du chien en acier, jusqu'à ce que je finisse par lui céder ce paquet de cigarettes caché dans mon pantalon, au niveau de la ceinture. Il est vrai que cette laisse fait très mal, car non seulement elle est en acier, mais elle se termine par un collier étrangleur, utilisé à l'époque où Kinou était encore vivant.

Martine et Pierre ont trois fils dans nos âges, dont l'un m'attirait lorsque j'étais un peu plus jeune, et eux-mêmes ont des copains que je connais également et qui viennent régulièrement leur rendre visite. Ils démontrent toujours une espèce de joie de vivre, de bonheur familial, de bienveillance autour d'eux. Qu'est-ce que j'aurais aimé avoir des parents aussi bienveillants et sympathiques ! J'envie fortement leurs enfants. Pierre est mon parrain. Martine est chargée, tout en continuant de mener sa vie familiale et professionnelle, de me faire côtoyer tous ces garçons pour que j'oublie l'amour qui naît en moi. Je pars de Viry-Châtillon le samedi suivant, avec eux. Je suis partagée entre le soulagement et la peur de l'isolement. Je poursuis néanmoins mon activité professionnelle, et Martine aussi. Je me sens bien avec eux, mais ressens toutefois cet isolement tant redouté. Ma sœur me manque et je m'inquiète vraiment pour elle. Tous les soirs, chez Martine et Pierre, nous discutons de tout et de rien, nous rions franchement, nous fumons. Les garçons sont avec nous, souvent les copains se joignent également à notre tablée. Je tente de leur glisser quelques mots sur le comportement de mes parents, mais perçois très vite un manque d'écoute de leur part. Ce sont leurs amis d'enfance, et je sens que Martine s'apprête à prendre leur défense. Quoi qu'il en soit, je suis très amoureuse de Serge et je refuse de céder à toute tentation.

Un jour, depuis l'école, je contacte Marinette pour entrer en communication avec Serge. Me sentant malheureuse, je pleure sans cesse. Ma copine d'école, Zabou, après que je lui ai expliqué ma situation, me soutient dans ma démarche. Elle est près de moi au téléphone. Par chance, Serge est présent chez la voisine. Je lui décris la situation dans laquelle je me trouve, afin de le rassurer et, surtout, j'insiste sur le fait que je souhaite garder le contact et que je tiens à rentrer vite, quoi qu'il arrive, pour le retrouver. Lui, me rassure comme il le peut. Il me dit de tenir bon, que ce sera bientôt fini et, surtout, qu'il m'attend.

De retour à Viry-Châtillon, après deux semaines à tenter d'esquiver certaines avances, je demande à mes parents l'autorisation de sortir un peu. Bien sûr, et ça, j'aurais pu le prédire, mes parents, unanimement, me l'interdisent. Le samedi suivant, à 19 heures, la sonnette retentit. Serge ose se présenter pour demander à mes parents de m'autoriser une sortie au cinéma prévue le soir même. Ironie du sort, le film que nous allons voir est L'Union sacrée, avec Patrick Bruel dont je suis fan à l'époque. Mis devant le fait accompli, mes parents sont déstabilisés et se sentent obligés d'accorder cette autorisation avec, en contrepartie, l'instauration d'une heure limite. J'ai alors 19 ans et l'autorisation est valable jusqu'à 23 heures. Je tente de négocier :
— Minuit ?
— Hors de question, répond mon père. Si tu rentres après 23 heures, il sera inutile de te présenter.
— Soit ! D'accord !

Au fond de moi, j'espère qu'il refusera de me laisser entrer. J'aurai donc une bonne raison pour partir définitivement.

Nous filons vers le cinéma. Je regarde mon père, accoudé à la fenêtre de la loggia, ayant en moi une très forte envie de le défier. Dans la salle obscure, Serge me demande : « J'aimerais bien t'embrasser, mais que diront tes parents ? » Je lui réponds : « Rien, et puis je m'en fiche. » Puis nous nous embrassons. J'adore cette sensation et n'ai qu'une envie, c'est qu'elle dure le plus longtemps possible. Bien entendu, nous nous sentons bien tous les deux, et l'heure tourne, je décide de ne pas respecter l'heure imposée par mon père, imaginant une bonne gifle à mon retour, mais je ne suis plus à une gifle près, ou mieux, l'interdiction de rentrer. C'est la première fois que je désobéis délibérément à mes parents, et malgré tout, j'adore.

À mon retour, à 23 h 30, mon cœur bat la chamade, je crains la réaction de mon père. Ce dernier m'attend derrière la porte,

tel un geôlier. Ma mère, quant à elle, est couchée, mais ne dort pas. Ouvrant la porte violemment, il semble furieux. Il me colle une énorme gifle que j'encaisse, puis je me dirige, en pleurs, vers ma chambre. À partir de ce moment-là, toute sortie de ma chambre m'est interdite, et ce, durant tout le week-end. Je suis furieuse. Il faut que je leur dise ce que j'ai sur le cœur, que ma mère sache enfin ce que me fait subir mon père quand elle s'absente. Il le faut vraiment.
Le lendemain, dimanche, ma colère ne retombe toujours pas. Je hurle, je repasse le linge pour tenter de me détendre, je pleure. J'entends ma mère qui me crie de me calmer, puis elle s'emporte depuis la salle à manger, me sommant de me taire avant qu'elle ne se déplace. Je persiste, je vais jusqu'au bout, ma colère est devenue incontrôlable. Elle arrive soudainement dans ma chambre pour tenter de me coller une nouvelle gifle, et là, je l'en empêche en attrapant son bras, au vol, puis je la mords violemment. Voilà qu'elle s'adresse à mon père en criant : « Ta fille est folle, regarde ce qu'elle m'a fait, elle m'a mordue, au sang en plus ! » J'ai presque envie de rire, intérieurement seulement. Je lui crie alors : « Tu l'as bien cherché ! » J'aperçois mon père, en arrière-plan. Il est là, ne bouge pas, ne dit rien. Il est posté dans l'entrebâillement de la porte de la salle à manger et regarde en ma direction, il ne va pas s'en tirer si facilement. Et là, c'est le bon moment. Je crache ce que j'ai sur le cœur :
— Toi, tu n'es pas un père, tu es un porc ! crie-je à mon père.
Puis, je m'adresse sur le même ton à ma mère :
— Ton mari te trompe, et tu sais avec qui ? Avec ta propre fille !
— Tu es folle, tu cherches simplement à nous nuire ! Espèce de menteuse !
—Je ne mens pas. Demande-lui ce qu'il se passe pendant toutes tes cures, s'il a le courage de te répondre !
— N'importe quoi ! Tu n'as rien trouvé de mieux pour détruire notre couple ? Tu mérites l'internement, tu es complètement cinglée ! Je vais devoir m'en charger, ne t'inquiète pas pour ça !
— Non, je ne suis pas dingue. Regarde-le, il ne dit rien.

Je claque la porte de ma chambre. De toute façon, elle ne m'écoute pas, me traite de menteuse, de folle, ne jette même pas un regard vers mon père. Elle m'a dans son viseur, et c'est réciproque. C'en est trop ! Elle ne me croit pas. Je les hais, tous les deux, du plus profond de mon être.

Je deviens alors totalement incontrôlable. Sans réfléchir, saisissant le fil du fer à repasser, en une fraction de seconde, je fais le tour de mon cou puis je serre très violemment. Je tombe inconsciente à terre. Je ne sais pas combien de temps je suis restée inconsciente, mais je sens subitement que mon frère me relève. Il me met, à son tour, une gifle. Je le regarde alors fixement quelques secondes sans dire un mot, droit dans les yeux. Mon regard lui crie : « Tu n'as pas le droit de me faire ça ! Nous devons nous soutenir, tu te rappelles ? » Puis il quitte la chambre. Ma mère, rapidement, revient et se met à hurler : « Tu veux mettre fin à tes jours ? Tiens, j'ai ce qu'il te faut ! » Elle me tend, dans le creux de sa main sale, trois cachets de Temesta que je reconnais facilement. Je les saisis puis les lui jette à la figure. La porte est grande ouverte, et j'aperçois toujours mon père. Il regarde, immobile, cette scène, sans dire le moindre mot. Habituellement, il paraît tellement solide, mais là, je constate toute sa faiblesse. J'ai serré si violemment ce fil autour de mon cou que j'en garde la trace pendant plusieurs jours. J'ai honte de ce que je viens de commettre, et tente par tous les moyens de ne pas montrer ce stigmate à quiconque. Je comprends plus tard que Fabien, par son geste instinctif, a dû avoir peur pour ma vie et le seul moyen qu'il a trouvé pour me faire recouvrer mes esprits était de me gifler. Je ne lui en veux pas, malgré tout.

Quant à Charlotte, elle n'est pas présente ce matin-là, puisqu'elle travaille dans sa boulangerie et rentre aux alentours de 14 heures. J'ignore toujours pourquoi elle rentre plus tard que prévu. Mon père l'attend derrière la porte. Dès qu'elle l'entrouvre, mon père lui crie : « C'est à cette heure-ci que tu rentres ? » Puis il ajoute : « Tu es si bien dehors, tu y restes ! » Il claque la porte sur elle. La voilà exclue du domicile familial, et moi, recluse dans ma chambre. Dans l'après-midi, je parviens à signaler, par la fenêtre, à ma sœur puis à Serge, que je suis coincée là, dans ma chambre, je ne peux pas sortir. La journée se termine, ma sœur est toujours dehors et trouve refuge chez Marinette, la voisine. Elle lui explique ce qu'il se passe pendant ce week-end. Serge est présent.

La journée touche à sa fin, la nuit tombe. Mon frère étant présent, il occupe comme d'habitude le lit supérieur. Je dois donc dormir une fois de plus par terre. Allongée dans le noir, j'aperçois des lueurs bleutées au plafond ; ce sont des gyrophares qui illuminent notre chambre. Je me précipite à la fenêtre et constate que ma petite sœur se trouve entourée de nombreuses personnes dont Marinette, certains de ses fils, Serge, la police et quelques badauds… Mon père entre dans ma chambre pour m'interdire d'en sortir : « Tu ne bouges pas de là, toi ! » Au fond de moi, je pense : « Dommage pour toi, mais là, je ferai exactement ce que je veux. » Pour la deuxième fois, je décide de désobéir. La sonnette retentit, mon père ouvre la porte et la police entre. Les deux agents demandent à me voir : « C'est ici qu'habite Valérie Guyot ? » Mon père répond « oui, mais elle dort » et dans le même temps, je sors de cette chambre en chemise de nuit et m'écrie, en direction des policiers : « Non, je ne dors pas ! » Mes parents sont déstabilisés. Un des agents me propose de les suivre. Je m'habille rapidement puis emporte mon sac à main sans même jeter un regard vers mes parents. Libérée ! Je souris presque. J'entre dans le véhicule de la police avec Charlotte. Serge nous suit avec sa voiture. Nous nous dirigeons vers le commissariat. Je constate qu'une Citroën CX nous suit également, juste derrière la voiture de Serge. C'est mon père qui, décidément, ne lâche pas l'affaire. Malgré tout, je me sens quelque peu en sécurité. Moi qui pensais protéger ma sœur, et c'est finalement elle qui le fait ! Je lui en suis très reconnaissante. Nous entrons dans le commissariat, je dépose une main courante pour la situation de séquestration, puis regagne la sortie, avec Serge et Charlotte. La police quant à elle se charge de mon père qui est entré dans le commissariat. Les agents l'empêchent de nous suivre en baissant le rideau de fer. Au fond de moi, j'espère qu'ils le garderont un bon moment.

Nous nous réfugions chez Serge. Son gros chien nommé « P'tit Loup », plutôt impressionnant, nous fait la fête dès que nous entrons dans l'appartement. Il est sympa, ce chien, somptueux mélange de terre-neuve et de berger allemand. Nous nous allumons une cigarette, censée nous délasser, puis nous discutons un peu. Serge nous fait visiter son appartement de deux pièces, puis installe ma sœur dans la pièce principale. À côté de cette pièce, une toute petite cuisine ressemble à un couloir et est équipée du strict minimum. Je remarque que la salle de bains est magnifique et terriblement spacieuse. Un matelas, prévu pour accueillir de temps en temps un de ses amis, est posé au sol de la salle à manger. Charlotte pourra passer la nuit ici. Nous nous dirigeons vers la jolie chambre qui me paraît très confortable. Totalement épuisée, je me couche tandis que Serge saisit sa carabine, la charge, puis la braque par la fenêtre en direction de la rue principale. Nous nous trouvons à quelques centaines de mètres de chez mes parents. Il est bien décidé à empêcher mon père de me nuire. Au bout d'un long moment de patience, il range son arme puis s'allonge près de moi. Je tente, blottie contre lui, de retrouver un peu de sérénité, puis nous nous endormons paisiblement.

Libérée et extrêmement soulagée, je ne reverrai plus mes parents, c'est terminé. Pour moi, une lourde page se tourne. Serge nous protège, Charlotte et moi. Nous sommes enfin libres !

CHAPITRE 7

Dès le lendemain matin, je me rends à la banque afin d'effectuer les premières démarches de modification du compte comme la suppression des procurations, le changement d'adresse… Mais un puissant désir me ronge, il faut que j'en parle à Serge.
— Dis-moi, mon chéri, j'ai quelque chose à te demander. Accepterais-tu de nous emmener, Charlotte et moi, revoir nos grands-parents. Cela fait une dizaine d'années que je ne les ai pas revus et ils me manquent terriblement.
— Bien sûr, ils habitent loin ?
— Ils habitent dans un petit village dans l'Yonne. Il y a à peu près une heure de route, je crois.
— Tu veux y aller quand, ce week-end ?
— Dès que possible. Ce week-end, ce serait bien.
— Bien sûr, aucun problème. Contacte-les, et vois cela avec eux.

Sur ces mots, nous partons en direction de la poste, avec Charlotte, Serge n'ayant pas d'abonnement téléphonique. Les téléphones portables n'existent pas encore et ne feront leur apparition que deux ans plus tard. Une fois arrivée à l'agence postale, je demande à l'employé la possibilité d'utiliser une cabine. Il m'indique le numéro, et nous nous y dirigeons précipitamment. Charlotte et moi entrons, Serge patiente à l'extérieur, faute de place.
Je saisis le téléphone, sors un morceau de papier et un stylo de mon sac à main. Ma sœur, quant à elle, porte l'écouteur à son oreille. Je compose le 12 pour obtenir le service des renseignements puis note le numéro que me transmet l'opérateur. Je raccroche puis compose enfin, tremblante, le numéro de mes grands-parents, le cœur battant. Une sonnerie, puis une deuxième… Je me sens extrêmement fébrile. J'entends le bruit familier de quelqu'un qui décroche à l'autre bout de la ligne. C'est la voix de mon grand-père. Ma gorge se resserre subitement. Je regarde ma sœur, dont les yeux commencent à s'humidifier. Mes sanglots montent spontanément et nos larmes commencent à couler :

— Allô...
— Allô, Pépé, c'est Valérie.
— Oui... oh, mon Dieu, ma petite-fille... c'est toi... (Je l'entends appeler ma grand-mère). C'est Valérie, au téléphone, viens, ma poule.
— Oui, je suis avec Charlotte. Nous voulons vous voir (j'entends mon grand-père pleurer, Mémé reprend le combiné).
— Bonjour Mémé, c'est Valérie. Je suis avec Charlotte.
— Bonjour mes poules.
— Nous souhaitons venir vous voir.
— Ah, bah, ça nous ferait très plaisir, tu sais, à Pépé et à moi. Ça fait tellement longtemps !
— Nous aussi, vous nous manquez beaucoup, toi et Pépé.
— Vous aussi, mes chéries.
— Le week-end prochain, on peut venir ?
— Bien sûr, avec plaisir, tu sais bien ! Vous serez toujours les bienvenues. Ça nous fait tellement plaisir de vous entendre.
— Nous aussi, Mémé. Nous aussi, tu n'imagines même pas ! Vivement que l'on se voie, j'ai hâte !
— Samedi midi, vous pouvez ? On peut vous coucher, aussi. Nous vous ferons un lapin chasseur avec des frites.
— Magnifique, merci. Nous ne resterons pas dormir. Nous voulons juste vous revoir et passer un moment ensemble, avec Charlotte et mon ami.
— Bien sûr, c'est vous qui voyez.
— À samedi alors.
— Oui, à samedi.
— Au revoir, Mémé. Je vous embrasse, et Charlotte aussi.
— Nous aussi. Au revoir, à samedi.

Puis, je raccroche le combiné. Je pleure et Charlotte aussi, nous sommes tellement heureuses. J'ai beaucoup de mal à retrouver un peu de sérénité. Je remercie Serge de nous offrir « ce cadeau » inestimable.

Le matin du samedi suivant, nous nous préparons puis prenons la route. Seulement une heure trente de trajet, c'est rapide, mais le temps paraît si long, tellement notre impatience est immense. Dès notre arrivée à Champignelles, je reconnais facilement leur maison. J'aperçois immédiatement Pépé, accoudé à sa fenêtre de cuisine ornée de petites fleurs dans une jardinière. Il affiche un large sourire. J'aperçois son unique dent, toujours là ! Nous sommes excitées toutes les deux dans la voiture. « Vite, Serge, gare-toi ! »

Mémé ouvre la porte d'entrée et se tient droite sur le seuil pour nous accueillir. Elle n'a pas changé non plus ; on dirait même que le temps s'est arrêté pour eux. Elle porte toujours une blouse et ses illustres charentaises. Nous courons vers elle, nous nous embrassons chaleureusement. Nous entrons et retrouvons Pépé dans la cuisine, comme avant. Il est le même, il n'a pas changé non plus. Toujours sa dent, toujours son gros ventre. Et là, j'ai l'impression d'avoir fait un pas de dix ans en arrière. Nous nous enlaçons. Pépé pleure dans mes bras. Enfin, nous pleurons à chaudes larmes tous les deux. Les retrouvailles nous vont droit au cœur et nous bouleversent terriblement. Pépé nous annonce être particulièrement heureux de voir son vœu le plus cher exaucé : depuis notre séparation, il y a dix ans, il se rendait à l'église tous les dimanches pour y brûler deux cierges, un pour Charlotte et un pour moi, en priant pour qu'un jour, il voie revenir ses deux petites-filles dont il avait tant été privé.

Les émois légèrement retombés, je présente Serge dont le regard est larmoyant. Il est sensible à ces moments, lui qui n'a jamais connu sa famille. Enfant, il était « Pupille de la nation » et n'a jamais connu ses parents ; il a vécu ballotté de famille en famille. Pépé et Mémé le trouvent plutôt sympathique. Il fait déjà, à leurs yeux, partie de la famille. Évidemment, Serge est tombé sous le charme de leur gentillesse.

Comme prévu, nous déjeunons un de leurs plats traditionnels qu'ils nous concoctaient régulièrement lorsque nous étions enfants. Aujourd'hui, c'est le fameux lapin chasseur et ses frites ; de véritables frites cuisinées comme dans le Nord dont ils sont originaires. Elles sont succulentes.

Nous racontons à mes grands-parents les grandes lignes de notre histoire et comment nous en sommes arrivées là, grâce à cette libération qui nous a permis, enfin, de les recontacter. Nous parlons plusieurs heures, de choses et d'autres, et évitons soigneusement les sujets que nous avons tenté d'enfouir en nous. Ma grand-mère ne cesse de répéter un de ses souvenirs :
— Mes pauvres petites, l'infirmière ne savait jamais où vous piquer, vous n'aviez que la peau sur les os, je m'en souviens encore. (Puis elle ajoute) Vous n'avez toutefois pas beaucoup grossi depuis.
— Oui, Mémé. On sait. Mais maintenant, ça va aller, ne t'inquiète pas. Les privations, c'est terminé. Maintenant, avec Serge, on va enfin commencer à manger normalement, je t'en fais la promesse.
— On se doutait bien que quelque chose n'allait pas, mais avec ta mère, le dialogue était compliqué, voire impossible.
— J'imagine, oui.

Je ne saurai jamais pourquoi les ponts ont été coupés entre mes grands-parents et mes parents. Au moment de partir, Pépé nous retient et nous demande de patienter, puis il ouvre un grand placard situé dans le couloir. Je jette un œil rapide en direction de Serge, l'air désolée. Mon grand-père n'a vraiment pas changé. Fini les pâtisseries et les bonbons cachés dans la cuisine, place aux conserves, aux paquets de gâteaux et de pâtes, et aux bocaux en tous genres, en guise de provisions de toutes sortes, rien que pour nous. Il insiste pour que nous repartions avec. J'éprouve une légère gêne à ce moment-là, lui indiquant que je ne suis pas revenue pour quémander quoi que ce soit, mais j'accepte volontiers son geste : il avait fait le plein de gâteaux secs et autres friandises, ainsi que des conserves de plats cuisinés. Parmi les conserves, il avait empilé de nombreuses boîtes de maquereaux, sardines, harengs, raviolis, cassoulets, etc. Je le remercie, tentant de l'arrêter dans son élan et prétextant que le coffre de la voiture n'est pas suffisamment grand. Je lui confirme que nous reviendrons très vite les voir, que je ne laisserai plus le temps nous séparer. Je le lui promets. Au moment des au revoir, mon Pépé, très ému, essuie, à l'aide de son mouchoir en tissu sorti de sa poche droite de pantalon, la larme qui ne demandait qu'à tomber. Une fois dans la voiture, je le vois se reposter à sa fenêtre, et Mémé sur le seuil de la maison ; la même image qu'à notre arrivée.

Le chemin du retour est quelque peu silencieux par tant de nostalgie et de bonheur. Nous digérons ces quelques heures, ainsi que le bon repas qu'ils nous ont servi. Au bout d'un moment, j'explique à Serge à quel point mes grands-parents sont des personnes gentilles et précieuses à mes yeux, et qu'il ne doit pas se sentir gêné par tant de générosité. Ils sont comme ça et je les aime énormément. Je lui explique que le fait de les avoir côtoyés, même si peu de temps, a permis de panser quelques plaies de notre enfance.

Nous rentrons à la maison, enfin chez Serge, déchargeons les denrées du coffre puis les rangeons méticuleusement. À ce moment précis, je décide, au fond de moi, que plus rien ne m'empêchera de revoir mes grands-parents, car je souhaite rattraper tout ce temps où nous en étions privés. Et c'est exactement ce que nous ferons pendant plusieurs années.

Nous passons une soirée calme, mais lourde d'émotions. Dans nos quelques discussions, Charlotte n'intervient pas beaucoup, car elle est énormément sur la réserve. Pour ma part, j'explique succinctement certains souvenirs de notre passé à Serge, mais pas tous, bien sûr. Nous allons ensuite nous coucher. Serge se montre doux, tendre vis-à-vis de moi et bienveillant envers Charlotte. Je me confie de plus en plus à lui. Je n'imaginais pas qu'il se rapprocherait aussi vite, physiquement, de moi. Je me laisse faire, mais… Stop ! Mettant une petite distance entre nous, je lui indique que je n'ai jamais « couché », c'est ma première fois. Il me suggère de me détendre et, délicatement, me repousse dans mes retranchements. Nous abordons notre premier rapport sexuel sans aucune difficulté, aucune douleur, beaucoup de plaisir, un plaisir que jamais je n'aurais imaginé et que je découvre maintenant, à la veille de mes 20 ans. Je comprends alors. Oh non ! C'était donc ça, je ne suis bel et bien plus vierge, sans avoir couché avec le moindre garçon. C'est mon père, il m'a vraiment violée toutes ces années ! C'est aussi pour cela que j'avais si mal. Les choses nébuleuses que j'avais en tête commencent à s'éclaircir malgré quelques zones d'ombre subsistantes. Je hais davantage mon père. Je me sens très mal. Serge ne comprend pas. Nous nous aimons tellement que je lui révèle ce qui me met tellement mal à l'aise. Il est lui-même choqué et comprend instantanément ce que je ressens. Je trouve, en Serge, l'amour, la tendresse et l'attention que je n'ai jamais connus. Ce soir-là, avec l'intervention de la police, il nous a sauvées, ma sœur et moi, des griffes de mes parents. Maintenant, il me protège et me rassure.

Quelques jours plus tard, Serge souhaite nous présenter à ses amis, Guillaume et Clara. C'est un jeune couple, certes plus âgé que moi, qui a un petit garçon, Lou, alors âgé de 2 ans. Après avoir été voisins de Serge, ils habitent la ville voisine, Juvisy-sur-Orge. J'accepte son invitation, malgré la réserve qui est en moi et l'appréhension qui me caractérise à ce moment-là. Ma timidité est toujours bien présente. Je viens de me libérer d'une vie très compliquée et je ne suis pas habituée à rencontrer des personnes inconnues. De nombreuses questions me traversent l'esprit. Comment sont-ils ? Sont-ils sympathiques ? Vont-ils me juger ?

Nous partons à Juvisy, tous les trois ce soir-là. Clara est une femme qui me rappelle, sur certains aspects, Martine, la femme de mon parrain. Elle respire la joie de vivre et travaille aux admissions de l'hôpital d'Évry. C'est une personne assez corpulente, de nature joyeuse et, surtout, chaleureuse. Guillaume est un plombier qui travaille à Paris et qui aime son métier. Il en est fier. Au premier abord, Clara me paraît très sympathique, communicante et abordable, Guillaume est davantage sur la réserve avec moi, mais discute beaucoup avec Serge, leur amitié est née alors qu'ils étaient voisins. Je constate qu'ils prennent plaisir tous les deux à passer de bons moments à jouer aux cartes. J'aime beaucoup ce couple, ils ont l'air de m'apprécier ; en même temps, je découvre ce qu'est la véritable amitié. Elle est flagrante entre Serge et eux. Une discussion s'instaure, je réponds comme je peux, avec plus ou moins de pudeur, Charlotte reste, quant à elle, très discrète. J'ai rencontré si peu de personnes aussi chaleureuses et agréables. Je passe une très bonne soirée. Nous rions de beaucoup de choses, même les plus anodines. Mon avenir se dessine enfin et une jolie complicité se met en place. Nous nous verrons très régulièrement, Guillaume et Clara m'apprendront plus tard à jouer à la belote, puis au tarot. Nous passerons des soirées interminables et, surtout, très agréables. Aujourd'hui, je peux être fière de nos trente-six ans d'amitié. Ce couple est toujours présent, très proche de moi, bienveillant en toutes circonstances. Tous les deux m'accompagnent et me soutiennent dans ma vie d'adulte, quels que soient les événements, bons ou mauvais, que je traverse. Clara deviendra la marraine de ma fille.

Quelques jours après notre installation chez Serge, nous décidons de partir ensemble, tous les trois, pour la première fois, faire quelques courses. Une fois dans le supermarché, accrochée à mon caddie, je regarde à droite, à gauche, je me dirige vers certains rayons qui me font très envie. C'est enfin l'occasion rêvée de me faire plaisir. J'achète des aliments que je n'ai pour ainsi dire jamais connus. Je succombe aux articles que je ne voyais que dans les pages publicitaires à la télévision. Je revis, vraiment, en ne m'infligeant aucun interdit. Serge s'en amuse, d'ailleurs. Parmi les aliments : de la viande rouge, des viennoiseries et des biscuits chocolatés pour le petit déjeuner, du beurre, de la pâte à tartiner, des raviolis – enfants, nous avions droit à douze raviolis chacun que, pour ma part, je coupais en deux à l'aide de ma fourchette pour me donner l'impression d'en avoir plus dans mon assiette –, et beaucoup d'autres encore. En quelques mots, je me lâche totalement.

Les jours se suivent et rien ne vient compromettre ce bonheur, à part les passages incessants de la CX sur la rue principale de Viry-Châtillon, sous la fenêtre de l'appartement de Serge. Mon père rôde, il ralentit, je me cache, je ne veux pas le voir. J'ai du mal à supporter l'idée qu'il n'est certainement jamais loin. Nous prêtons attention à chaque sortie de l'immeuble, pour nous rendre sur nos lieux de travail respectifs ou dans les magasins. Je ne sais pas de quoi mon père est capable et j'en ai terriblement peur.

Les semaines et les mois défilent. Sans crier gare, Charlotte vient de partir de chez nous pour retourner chez mes parents. Au fond de moi, je suis persuadée que mon père a réussi à la convaincre, comme il sait si bien le faire. Tant pis pour elle ! J'aurais tellement souhaité qu'elle ne cède pas. Que subit-elle ? Comment vit-elle ? Est-elle devenue la souillon que j'étais ? Serait-elle devenue la nouvelle maîtresse de mon père ? Toutes ces questions demeureront à jamais sans réponse.

Mon père, lui, rôde toujours et encore, inlassablement. Quelques jours plus tard, sans que je me doute de quoi que ce soit, Serge m'emmène dans ce petit café à la devanture bleue Le Petit Montmartre, non loin de notre domicile. J'y commande un diabolo menthe, car je ne bois jamais le moindre alcool, connaissant les ravages que cela entraîne. Lui, commande un panaché. Je trouve l'endroit assez cosy, chaleureux, et nous échangeons quelques minutes quand, soudain, mon père entre dans ce café. Mon cœur se met à battre, la peur m'envahit de nouveau. Dans l'incompréhension, je regarde Serge qui ne dit rien. Pour tenter de me rassurer, il pose sa main sur ma cuisse. Mon père s'approche de nous. Je reste froide, face à lui :
— Salut ma fille.
— Salut !
— Je suis tellement content de te revoir. Tu es très jolie.
— Merci.
— Comment vas-tu ?
— Comme tu vois, je vais bien. Et toi ?
— Pas fort. Je suis en dépression. Tu sais, tu nous manques, à ta mère et à moi. Tu peux revenir à la maison quand tu veux, la porte t'est toujours ouverte.
— Certainement pas.
— On n'a rien contre toi, ni contre Serge. D'ailleurs, c'est lui qui m'a proposé ce rendez-vous avec toi.
Je regarde Serge sans rien lui dire, je me sens trahie par l'homme qui était censé me protéger, lui qui sait globalement ce que mes parents m'ont infligé.
— Vous m'avez fait assez de mal comme ça, oublie-moi. Ce n'est pas la peine d'essayer de me recontacter, par n'importe quel moyen. C'est fini, j'ai tiré un trait. Je vais bien et c'est pour moi le principal. Tu peux repartir d'où tu viens.
— Ma fille, je sais où tu habites, je sais même que tu as un chien et que tu prends la pilule. Elle est bleue. La plaquette est posée sur la table de nuit.

Mon sang ne fait qu'un tour. Je me relève de ma chaise, sans finir mon diabolo, puis rentre à la maison, laissant Serge et mon père terminer leur consommation.

Malgré cette mésaventure, l'amour qui nous lie reste intact entre Serge et moi. Même si je me suis sentie doublement trahie, quelque chose m'empêche de lui en vouloir. Il a cru bien faire, il s'est simplement trompé, mais il a tout de même permis à mon père d'entrer chez nous, et ça, j'ai du mal à l'avaler.

Nous coulons des jours merveilleux, un amour sans faille. Un soir, il me demande de lui faire un enfant. Ma réponse est immédiate : « Pas d'enfants sans mariage. » C'était une des résolutions que je m'étais fixées. Qu'à cela ne tienne, Serge me demande aussitôt en mariage. Je l'aime tellement que je réponds « oui » sans hésiter. Dans notre conversation, je lui explique mes craintes : celles de ressembler à ma mère. J'ai peur également qu'une grossesse me fasse grossir au point de devenir obèse comme ma mère, moche comme ma mère… C'est un tsunami qui traverse ma tête à ce moment-là. Serge tente de me rassurer : « Même avec quelques kilos en plus, je t'aimerai. Ne t'en fais pas, tu ne deviendras pas comme ta mère, j'en suis certain. » Je le crois, finalement, je me calme. Une chose est sûre, je me jure de devenir, coûte que coûte, une bonne mère pour mes enfants, sans la moindre violence. J'espère que Serge, lui, n'aura jamais les mêmes pulsions que mon père. Je me méfie néanmoins de l'avenir.

Mon père rôde toujours dans les parages, je ne le supporte plus. Je suggère à Serge de déménager. Nous nous mettons à la recherche d'un appartement loin d'ici, voire d'une petite maison, pour qu'enfin, je puisse retrouver une certaine sérénité et, surtout, ne plus voir cette maudite CX passer et repasser inlassablement. Après quelques semaines de recherches, nous sélectionnons une charmante petite maison, ancienne cabane de pêcheur légèrement rénovée, située à Vert-le-Petit, dans l'Essonne, non loin de deux étangs. Elle nous plaît beaucoup, même si elle n'est raccordée ni à l'eau de ville ni au tout-à-l'égout. Nous l'achetons en mai 1990 et entamons les travaux. Je creuse moi-même le regard pour le raccordement à l'eau courante. Guillaume, notre ami plombier, vient nous aider à créer, dans la pièce principale, une petite salle de bains, en montant la cloison et la porte, et son raccordement. L'isolation est totalement inexistante, mais nous nous contenterons de cette maison, pour notre tranquillité. Cette tranquillité qui n'a pas de prix !

Mes entraînements aux majorettes se poursuivent. Je m'y rends deux fois par semaine, le mardi soir et le vendredi soir. Le mardi soir, les répétitions se font en présence des musiciens. Serge s'y est inscrit également, il y joue du clairon. C'est une nouvelle manière de me protéger, je pense. Comme d'habitude, nous nous rendons au gymnase pour 20 h 30. Je suis, depuis quelque temps, la capitaine des petites majorettes. La répétition commence. C'est une soirée ordinaire où je retrouve mes copines, les dirigeants du club et les musiciens. Au beau milieu de la répétition, j'aperçois mon père qui entre dans ce gymnase et qui patiente jusqu'à la fin de la séance. Pendant tout le reste de l'entraînement, je ne le regarde même pas. Je n'ai plus peur de lui. La répétition terminée, je file au vestiaire, puis une fois prête, je vais à sa rencontre. Il est toujours là. Je lui dis bonjour puis l'interroge sur la raison pour laquelle il est ici. Il sort de la poche intérieure de son blouson un courrier qu'il me montre furtivement, m'annonçant qu'il a été reçu à mon nom. Sans que j'aie eu le temps de connaître son contenu, il me le tend et, instantanément, le déchire sous mes yeux puis m'insulte : « Espèce de putain ! » Cette insulte me choque par sa vulgarité et par le fait qu'elle émane de sa propre bouche. Lancer le mot « putain » à sa fille dont on a abusé pendant toutes ces années, c'est fort de café ! Je me rebiffe et sors de mes gonds sans prêter attention au fait que les majorettes et les musiciens sont tout autour de nous et assistent à ce terrible spectacle. En guise de réponse, je l'insulte à mon tour : « Si, moi, je suis une putain, alors toi, tu es un père incestueux ! » ; en le regardant droit dans les yeux. De colère, il me donne un coup de pied au niveau de la cheville. Je perds l'équilibre puis tombe. J'ai mal. Mon père s'en va. Les dirigeants, sous le choc, m'aident à me relever, puis Serge décide de m'accompagner à l'hôpital. Résultat, rien de grave, mais une simple contusion. Mais comment un père peut-il délibérément envoyer son enfant à l'hôpital ? Seul un parent peut impunément insulter ses enfants, et pas l'inverse ? C'est la première fois que le plus lourd de mes secrets est dévoilé au grand jour. Face à la honte que j'éprouve à ce moment-là, je décide alors que cette soirée sera la dernière au sein de ce groupe de majorettes. Les dirigeants m'accompagnent également à l'hôpital, soucieux de mon état. Dans la salle d'attente, incrédules, ils me questionnent à demi-mot concernant l'insulte que j'ai proférée à mon père. Je leur réponds que, malheureusement, c'est vrai. Je leur annonce quelques éléments pour prouver mes propos. Je n'en dirai pas plus ce soir-là. Ils en sauront davantage plus tard, puisqu'ils feront bientôt partie de ma vie.

Notre mariage est programmé pour octobre 1990. Je suis toujours aussi heureuse et amoureuse. Je n'ai enfin plus aucune nouvelle de mes parents, je me sens beaucoup moins tourmentée et oppressée. Or, Serge me demande, un beau jour, de les contacter pour les avertir de cet événement. Dans un premier temps, je refuse catégoriquement. À force d'insistance, je finis par céder, car il a des arguments qui me convainquent. En effet, n'ayant pas de parents lui-même, il trouve dommage que je réfute le fait d'en avoir. Selon lui, « quel que soit le passé, ce sont néanmoins tes parents », me dit-il. Il ajoute qu'« il vaut mieux avoir de mauvais parents que de ne pas en avoir du tout ». Je comprends parfaitement.

Je décroche le téléphone mural de la salle à manger puis compose le numéro que je connais par cœur. C'est ma mère qui décroche. J'entends sa voix au bout de la ligne qui dit tout bas à mon père « c'est ta fille ». Allez, courage !
— Bonjour Maman.
— Salut (son ton est glacial).
— Je t'appelle, pas longtemps, pour t'annoncer que je vais me marier.
— Ah.
— Que ça vous plaise ou non, que vous veniez ou pas, cela m'est complètement égal. Je tenais à vous en informer, c'est tout. Sur ce, Salut !
Mon père prend le combiné à son tour, alors que je m'apprête à raccrocher :
— Salut ma fille, j'ai entendu. Je suis très heureux pour toi.
— Merci.
— Il faut qu'on en discute, tu peux venir à la maison ?
— Pas pour l'instant, c'est trop tôt. Je ne suis pas prête.
— OK, quand tu veux. On t'attend, et ne t'inquiète pas, ça se passera bien.
— Je vais y réfléchir. Je te laisse, maintenant. Salut.
— Salut ma fille, à bientôt, j'espère !

Et c'est ainsi que, sur les insistances de Serge, je me retrouve « forcée » de renouer du lien avec mes parents, mes parents qui m'ont fait tant de mal et que je déteste. À compter de ce jour, certes, je les côtoie, généralement pour faire plaisir à Serge. Nous nous retrouvons pour les repas de famille à l'occasion de la fête des Mères, de la fête des Pères et de l'anniversaire de mon père qui sont à la même période du calendrier, ainsi que pour nos anniversaires, à Charlotte et à moi, qui sont très rapprochés sur le calendrier. Toutefois, jamais aucun lien affectif ne se crée, je les hais et rien ne changera. Ils finissent malgré tout par apprécier Serge, c'est déjà ça ! Rien ne prouve cependant qu'il ne s'agisse pas là de sentiments hypocrites. Je n'en sais rien, mais en fait, à partir de maintenant, je constate que je deviens moi-même hypocrite à leur égard.

Notre mariage approche à grands pas. Nous organisons tout nous-mêmes avec l'aide de quelques amis, Guillaume et Clara ainsi que les dirigeants du groupe de majorettes et de musiciens. Nous projetons un repas froid, en toute simplicité. Fabien souhaite participer et nous propose de faire la mayonnaise « maison » pour les salades et les viandes froides. Mon père est, quant à lui, chargé d'apporter la sono. Un poste multifonction à cassettes fera l'affaire, avec quelques musiques pour l'ambiance. Ma sœur est épargnée, sa seule présence me ravit, et elle sera ma demoiselle d'honneur. Ma mère, qui chérit tant les coutumes, me propose de m'emmener acheter ma robe. J'accepte en lui précisant que c'est moi qui la choisirai et que je la paierai moi-même. Je ne souhaite rien venant d'elle.

Nous partons à Paris, toutes les deux, pour choisir la robe et les accessoires. Tout va bien, ma mère ne montre aucune animosité à mon égard. Elle se permet néanmoins quelques remarques : « Pas de robe blanche, car tu as déjà couché. » Les modèles qu'elle me propose me paraissent moches et très démodés. Je ne cède pas et choisis le modèle, en taille 36 car je n'affiche qu'un poids de 49 kilos pour 1,63 mètre. Elle est totalement blanche, cintrée au niveau de la taille, et me sied comme un gant. Les accessoires s'enchaînent : chaussures, gants, jarretière, porte-jarretelles, bibi, bijoux, collant blanc… Nous rentrons chez mes parents, puis Serge nous rejoint en début de soirée. D'emblée, ma robe et ses accessoires me sont confisqués sous prétexte que Serge ne doit rien voir avant le jour J. Il paraît que ça porte malheur ! Seraient-ils soucieux de mon bonheur, maintenant ? À mon grand désespoir, tout dormira dans cette puanteur ambiante jusqu'au jour du mariage.

Pour ce qui est de la veille de notre mariage, ma mère m'interdit de dormir avec mon futur mari, sous prétexte que c'est la coutume et que, ça aussi, ça porte malheur. Tiens, parlons-en, du malheur ! Je dors donc sur leur canapé, dans cette atmosphère nauséabonde et malsaine. Fabien et Charlotte, eux, occupent les lits superposés. Ma mère m'informe que mon père me conduira à l'autel le lendemain… Cette injonction trouble mon esprit. En réalité, j'entends, de la bouche de ma mère : « Ton père te conduira à l'hôtel demain. » Beaucoup de contraintes, tout cela, mais j'obéis encore et toujours.

Ce jour d'octobre 1990, jour du mariage, la salle de bains chez mes parents est nettoyée, la baignoire-sabot est libre d'accès. J'ai le droit de me doucher, une première chez eux ! Je m'habille, ma mère m'aide à attacher ma robe. C'est l'heure de me rendre à Vert-le-Petit pour la cérémonie. Je sors de chez mes parents, accompagnée de Charlotte qui, pour l'occasion, a enfilé ma robe de soirée que j'avais portée une seule fois, le jour où j'ai été élue Miss Sainte-Cécile, à l'âge de 16 ans, au sein du groupe de majorettes. Cette journée est jouissive pour mes parents, je le constate. Les voisins sont tous aux fenêtres et nous contemplent, ce qui plaît à mes parents. La journée est ensoleillée et douce. J'imagine l'impatience de Serge qui m'attend à l'église de Vert-le-Petit. Quand nous arrivons dans le petit village, mon père, fier comme un coq, me tend le bras pour que je m'y accroche jusqu'à l'arrivée à l'autel de l'église. La troupe de majorettes et de musiciens est présente pour ce grand jour et s'est mise en place pour former une haie d'honneur. Cette surprise, organisée par les dirigeants, me touche, je me sens vraiment exister.

Après la cérémonie, nous nous retrouvons dans la petite salle que nous avons réservée quelques mois auparavant à Grigny. Les invités sont tous là et semblent heureux pour nous. Je me méfie toujours des réactions de ma mère qui affiche une espèce de rictus forcé, à tel point que celui-ci ressemble davantage à un cul-de-poule qu'à un sourire. Même cette moue, je la déteste. De plus, elle, qui est tellement attachée à ses soi-disant coutumes, s'est parée, a contrario, d'un étrange accoutrement dont je ne peux m'empêcher de faire une brève description : entièrement vêtue de noir – un haut noir, une jupe noire, des collants noirs –, ses cheveux longs, couleur corbeau également, dont une bonne moitié est relevée et attachée avec une énorme fleur de pacotille. Là-dessus, elle a choisi de porter une ribambelle de bijoux en toc. Elle me fait honte, elle ne ressemble à rien, mais au fond de moi, je me dis : « Heureusement pour elle que le ridicule ne tue pas ! » Son maquillage extravagant m'horripile, j'imagine qu'elle a souhaité, pour l'occasion, se déguiser en diseuse de bonne aventure ? En fait, je passe mon temps à surveiller les agissements de ma mère qui toise toutes les personnes autour d'elle, arborant toujours cette bouche en cul-de-poule.

Avec Serge, nous annonçons le début du vin d'honneur. Ne buvant aucun alcool, je me laisse servir, exceptionnellement, une coupe de champagne avec mon mari et trinque à la volée avec l'ensemble des convives. Serge se lance dans un petit discours. En résumé : « Je suis très heureux, j'ai rencontré une femme très jolie, adorable et forte, je l'aime de tout mon cœur et je souhaite qu'elle soit heureuse… » Il termine par un : « Je suis fier d'être son mari. »

La réaction de ma mère ne se fait pas attendre. Elle crie en direction de Serge : « Elle nous appartient toujours ! » Ce qui jette un froid et de nombreuses interrogations au sein de l'assistance. Sans aucune réserve, je lui rétorque un signe de mon doigt pour lui adresser un « non » long et franc. Elle me confirme, par ce propos, que je reste, à leurs yeux, leur propriété, leur chose. C'est ce jour-là seulement que je comprends enfin ce besoin qu'ils avaient de me séquestrer et de m'interdire toute sortie, il y a seulement quelques mois.

En même temps, nous découvrons que Fabien a oublié de faire la mayonnaise, et mon père n'a pas apporté la sono. Je considère ce non-investissement comme un affront supplémentaire. Ils ne jouaient pas un rôle exponentiel pour l'organisation de mon mariage, et en arrivent même à ne pas le remplir. Serge se débrouille, auprès de ses amis présents, pour tenter de rassembler, de part et d'autre, le nécessaire pour que la fête continue sous de meilleurs auspices. Certains partent acheter quelques pots de mayonnaise industrielle, d'autres vont chercher leur chaîne Hi-Fi. Une fois la situation rétablie, les convives se mettent alors à danser, l'ambiance commence à être plus joyeuse et moins pesante. J'aperçois ma mère qui danse avec mon parrain, Pierre. Je la vois, le ventre à l'air, son haut noir était trop petit, ou sa jupe était trop descendue. Quelle horreur ! J'ai honte, mais c'est ma mère ! Quant à moi, je me bats, toute la soirée, avec un accessoire que je suis pourtant fière de porter : mon porte-jarretelles, rebelle, a décidé de ne pas retenir mes bas ; régulièrement, les attaches lâchent les unes après les autres. Avec l'aide de Clara, nous faisons d'incessants allers-retours vers les sanitaires de la salle afin de raccrocher ce maudit porte-jarretelles. J'en profite alors pour lui exprimer mon dégoût, mes frustrations, ma colère, notamment sur l'attitude de ma famille. C'est la seule personne autour de moi qui est capable de m'écouter, de me soutenir, et surtout de me faire rire. Ces intermèdes à répétition me permettent à chaque fois de repartir à la fête dans de meilleures dispositions.

Ce que j'ignore, en cette belle journée, c'est que dans mon ventre est en train de germer une petite graine. Je suis enceinte de trois semaines.

CHAPITRE 8

Quelques semaines plus tard, je contacte mes parents, toujours sous l'insistance de Serge, pour annoncer la future naissance, prévue en juillet suivant.
Allô, maman, comment ça va ?
— Bien, et toi ?
— Très bien. Je t'annonce une grande nouvelle. Tu vas bientôt être grand-mère.
— Tu ne m'apprends rien, je le savais, depuis ton mariage.
— Comment cela, je l'ignorais moi-même ! (*J'aurais dû envisager sa réaction, mais je reste surprise par ses propos, sans positivité à mon égard*).
— J'attendais simplement que tu m'en parles. D'ailleurs, tu ne crois pas que je suis un peu trop jeune pour être grand-mère ?
— Pas du tout. Dis donc, tu peux me dire quel âge avait Mamie, quand tu lui as annoncé la grossesse de Fabien ? 40 ans ? Tu en as 43 !

Un silence s'installe. J'ai fait mouche ! Je lui explique que c'est comme ça, que rien n'y changera. Si elle le souhaite, elle sera grand-mère, sinon, ce n'est pas grave, je ne lui impose rien.

Je suis fréquemment malade, pendant la quasi-totalité de cette grossesse. Je ne parviens pas à m'alimenter correctement, les allers-retours pour me rendre au travail sont très compliqués ; je sors du RER ou du métro régulièrement pour vomir loin des regards, mais je tiens bon, malgré tout, jusqu'à mon congé de maternité. Je dois mener cette grossesse à son terme, quoi qu'il arrive. J'espère que ce sera une fille, mais nous refusons de connaître le sexe à l'avance.

Le 4 juillet 1991, les contractions sont de plus en plus douloureuses et rapprochées. Je résiste le plus longtemps possible avant de me décider à contacter mon mari qui, lui, est au travail. Rapidement, Serge revient et me conduit à la clinique. Les contractions deviennent très fréquentes, intenses, et de plus en plus rapprochées. À ce moment-là, je ne sais toujours pas ce que nous réserve cette grossesse. Fille ou garçon ? Petit ou gros bébé ? Les pronostics sont lancés depuis longtemps et nous nous sommes réservé la surprise jusqu'au terme. Il est vrai que je ne prends pas beaucoup de poids et que mon ventre n'est pas si gros que cela pour une fin de grossesse. Si c'est un garçon, il s'appellera Lucas, si c'est une fille, nous l'appellerons Célia ou Ludivine.

À 19 h 45, après un accouchement sans péridurale et assez long, je fais la connaissance d'une adorable petite fille de 3,50 kilos. Une fois posée sur ma poitrine, elle me regarde de ses grands yeux. Elle s'appellera Célia, c'est décidé. Serge est près de moi, nous sommes heureux, des larmes de joie nous submergent. Elle est magnifique. Je suis très surprise par sa chevelure noire et par le fait qu'elle n'est pas du tout fripée. La question qui me revient, dès cet instant, est : « Serai-je une bonne mère ? » Je me suis toujours juré que jamais je ne ressemblerai à la mienne, et cela ne concerne pas uniquement le physique. En tout cas, je l'aime déjà profondément, notre petite Célia ; je ne conçois pas de lui faire de mal, ne serait-ce qu'une seule fois. Ce sera alors mon premier fil rouge, tout le long de ma vie.

Serge se charge de prévenir tout notre entourage de cet heureux événement, y compris mes parents. Je les vois débarquer à la clinique au bout du deuxième jour d'hospitalisation. Mon père prend de nombreuses photos de ma petite puce. Il se sent extrêmement fier. Ma mère, toujours aussi distante, ne pose aucune question, me parle à peine. Elle regarde la petite régulièrement, mais ne dit rien. Pour la connaître, je peux certifier qu'à ce moment-là, elle me juge et a toujours en tête qu'elle est trop jeune pour être grand-mère. D'autres visites se succèdent dans cette chambre individuelle de la clinique, Guillaume et

Clara bien sûr, et les dirigeants du groupe de majorettes : Gisèle et Antoine. Gisèle est un peu plus âgée que mes parents et rêve d'être grand-mère. Dès qu'elle voit ma petite Célia, elle s'autoproclame grand-mère adoptive, connaissant mon passé douloureux, ce que j'approuve. Je considère qu'elle a toute sa place, puisqu'il n'existe pas de grands-parents paternels pour mes enfants. Gisèle est très attentionnée, protectrice, et ferait alors une meilleure grand-mère que ma propre mère. Je la laisse donc entrer dans notre vie de manière presque naturelle.

Je suis comblée. Mon mari m'aime et nous venons d'accueillir notre adorable petite fille. Un lien très fort s'installe entre nous trois. Je me sens forte et, à compter de cette naissance, ne crains plus personne.

Serge a également contacté mes grands-parents paternels pour leur annoncer la naissance de leur première arrière-petite-fille. Ils sont très heureux. Ils feront d'excellents arrière-grands-parents à mes yeux, comme ils ont été de merveilleux grands-parents. Quelques jours plus tard, je reçois une lettre datée du 10 juillet, elle me bouleverse, car certains de ses propos résonnent fortement dans mon esprit :

Très chers petits-enfants,

Je vous envoie ce petit mot pour vous dire la joie que nous avons eue de savoir que nous étions arrière-grands-parents. Tu sais, Valérie, tu m'excuseras auprès de Serge de ma réponse au téléphone, j'ai dû être un peu incohérent, mais en te disant que ta tante est à l'hôpital et ta grand-mère dans une clinique, chaque fois que l'on téléphonait, c'était pour me dire il y a un léger mieux ou elle est très fatiguée. Vous comprendrez que vivre ces terribles heures (sept semaines), cela m'a donné une dépression et je n'arrive pas à m'en séparer. C'est pour cela que j'ai peur, encore maintenant, de la sonnerie du téléphone et celle-ci me fait trembler et me bloque tous mes moyens, de même qu'un bruit subit ou qu'une personne que je n'ai pas vue arriver. Je lance ce que j'ai dans les mains et mon cœur a des ratés. Comme vous voyez, chère Valérie et cher Serge, les nerfs sont à bout. Croyez-moi, c'est terrible, cette situation. Avoir peur de tout. Pourtant, ma vie ne fut que côtoyer la mort dans les mines, chez les Résistants, dans la police avec tous ses dangers. Être arrivé à ce stade et connaître la PEUR en majuscules ! Tu sais, chère Valérie, la mort ne me fait pas peur, d'ailleurs, on te le racontera, mais les nerfs, c'est terrible. J'ai beaucoup de mal à marcher et à respirer. Surtout à respirer. Mais je termine mes lamentations pour en venir à ce que je voulais te dire et qui est beaucoup plus intéressant. Vous allez le voir. Je me suis mis d'accord avec ta chère Mémé qui continue à aller mieux et commence à m'aider, car je veux que ma maison soit impeccable. Maintenant, elle fait un peu de cuisine. Ce matin, elle a nettoyé le frigo. Ce n'est pas fatigant. Moi, je ne veux pas qu'elle travaille, un vrai Guyot. Sa femme doit être la reine du foyer et non pas l'esclave. Vous remarquerez qu'elle fait cela quand je suis parti. Le docteur est venu et lui a dit qu'elle était toujours jeune, même arrière-grand-mère. Le seul inconvénient est qu'elle est comme moi, elle ne peut plus marcher. Mais revenons à nos moutons. Donc je me suis mis d'accord avec Mémé : au lieu de t'acheter des articles pour la petite Célia, nous préférons t'envoyer un petit mandat pour acheter une bonne bouteille pour Serge pour qu'il se remette de sa fatigue, un bouquet de fleurs pour toi, Valérie, et ce que tu voudras pour la petite Célia. Donc je joins un chèque avec cette lettre pour que tout le monde soit content.

Je termine en vous embrassant tous les trois de loin, et Mémé se joint à moi pour en faire autant.

À bientôt, j'espère. J'ai acheté un demi-mouton, sans compter poulets, poules, canards et un demi-cochon que j'attends. Comme tu vois, Valérie, vous ne nous gênez pas, au contraire.

Pépé, toujours aussi bavard
Mémé, toujours aussi effacée et gentille.

Très rapidement, nous rendons une visite à mes grands-parents pour présenter Célia et Alex, le premier fils de Serge. Celui-ci nous avait demandé, quelques jours avant la naissance, de venir vivre avec nous et nous avons accepté. Pépé et Mémé sont aux anges, je les vois savourer les moments où ils prennent Célia dans leurs bras. Je me sens heureuse de les voir ainsi, d'autant qu'ils ne font aucune distinction. Ils ont accepté Serge précédemment, ils apprécient également Alex et sont totalement attendris par la présence de ce bébé. Un moment donné de la journée, Pépé tend quelque chose à Alex. J'essaie de voir ce que c'est, mais n'y parviens pas. Je demande alors discrètement à Alex : « Qu'est-ce qu'il t'a donné, Pépé ? » Montrant un large sourire, il me tend sa main dans laquelle se trouve une pièce de 100 francs. J'en suis bouleversée, mais ne dis rien. Je pense seulement : « Pépé est un homme extraordinaire » ; c'est pour cela que je l'aime tant.

Quelques semaines plus tard, après mon congé de maternité, je reprends mon travail au Halles, à Paris. Serge, qui ne travaille pas très loin, se charge de déposer notre petite chez sa nourrice le matin, puis de la récupérer en fin de journée. Mes journées sont interminables et les trajets me semblent encore plus longs qu'avant ma grossesse. Il faut que je trouve une solution. Je dois donc quitter mon poste pour rechercher un emploi plus proche de la maison, et de ce fait, pouvoir être plus présente auprès de mon mari et de ma fille.
Célia a déjà trois mois. Alors que nous vivons sous les meilleurs auspices, j'apprends une nouvelle qui me terrasse totalement et qui, malheureusement, me conforte dans ce que je pense des hommes en général, mon seul repère étant mon propre père. Cette nuit-là, le téléphone sonne, aux alentours de minuit. Serge dort profondément. Habituée à me lever pour m'occuper de notre fille, je me déplace pour décrocher. C'est Laurent, un copain, qui appelle, furieux ; il menace de se déplacer si Serge ne prend pas le téléphone immédiatement. Avant de le réveiller, je

lui demande des explications : sa femme, une collègue de Serge, le trompe avec mon propre mari. Ma fille dort dans son couffin, telle une petite marmotte. J'ai beaucoup de mal à encaisser cette information, puis je raccroche. Reprenant mes esprits, je réveille Serge et lui explique la teneur de cette conversation. Il se lève, l'air ahuri, puis s'effondre dans la cuisine. Il pleure, accroupi. Il me décontenance, mais il faut qu'il avoue, qu'il m'explique :

— Que se passe-t-il, avec Sylvie ?... Réponds... Que se passe-t-il ?

Serge reste muet.

— Laurent m'a dit des choses au téléphone, j'aimerais t'entendre me les dire. Tu es un mec, montre-le, je t'écoute !

— J'ai fait une grosse connerie, s'il te plaît, ne t'énerve pas.

— Quoi ? Quelle connerie ? Explique-moi !

— C'est vrai, je t'ai trompée avec Sylvie.

— Et ?

— Bah rien, je regrette, c'est tout. Je te jure que c'était une erreur. Je t'aime.

— Laurent menace de venir te casser la gueule, on fait quoi, maintenant ?

— Il ne viendra pas.

— Pfff ! (*Je soupire, désemparée par ce manque de courage évident.*)

Je reste incrédule et furieuse en même temps. Les bras m'en tombent. Je ne sais pas comment régler ça, avec Laurent, comme avec Serge. Ma plus forte crainte, néanmoins, est que Laurent ne se déplace, car son ton et ses propos étaient très menaçants au téléphone. Je laisse Serge, qui chiale toujours, dans cette cuisine, puis sors de la maison, en peignoir. J'attends Laurent, je veux à tout prix éviter une confrontation entre eux. Je me sens alors totalement abasourdie, mais suffisamment lucide pour éviter une bagarre à la maison. Au bout d'un long moment à patienter dehors, je commence à avoir froid. J'en conviens, Laurent ne viendra pas, je retourne me coucher, puis réfléchis de longues minutes avant de me laisser emporter par le sommeil.

Dès le lendemain matin, je n'ai qu'une seule idée en tête, je dois en avoir le cœur net. Je décide de nous rendre à leur domicile, en emmenant Serge et Célia. De toute façon, vu sa position, il n'a pas d'autre choix, je veux comprendre, on y va. Quelques kilomètres plus loin, nous frappons à la porte de chez Sylvie et Laurent. C'est Laurent qui vient nous ouvrir avec ce que j'appelle « la tête des mauvais jours ». Serge n'en mène pas large. Nous entrons : « Bonjour Laurent. Il faut qu'on discute », lui dis-je.

Nous nous dirigeons vers la pièce principale, où se tient, debout face à la fenêtre, Sylvie. Je dépose le couffin près de la table de la salle à manger, puis nous nous asseyons. Quelques minutes de silence, et j'entame la conversation, en ciblant les deux protagonistes :

— Y a-t-il un de vous deux qui souhaite s'exprimer ? Nous expliquer ce qu'il se passe ?

— Oui, répond Serge. Nous avons fait une connerie, je le regrette.

— Et toi, Sylvie, tu en penses quoi ? Qu'est-ce que tu as à dire ? rétorque Laurent à sa femme.

Sylvie reste muette, regarde son mari, l'air désolée. Tous les deux ont les yeux rougis, ce qui me laisse comprendre que leur histoire n'est pas terminée. Elle semble l'aimer. Je m'adresse alors à Serge :

— Alors, c'est très simple, maintenant, j'ai besoin de savoir. Vous vous aimez, oui ou non ? Si oui, Serge, on peut cesser notre histoire maintenant. Si non, il faut que vous nous le disiez.

— Pour moi, c'est tout vu, reprend Laurent. C'est terminé, je demande le divorce, je ne peux plus lui faire confiance, à cette salope. Elle repartira dès lundi chez sa mère, à Chartres. Et toi, connard ? (*Il regarde fixement Serge.*)

— C'était une connerie, répond Serge. C'est fini. Je ne veux pas que notre histoire cesse. Je vous aime, toi et Célia.

— Tu mérites la même chose, répond Laurent. Valérie, réfléchis, il recommencera. Tu te rends compte, vous êtes jeunes mariés, tu viens d'être maman, et déjà, il te fait ça !

La conversation prend fin puis nous repartons, sans s'adresser le moindre mot. Je ne me sens pas rassurée. Et si Laurent avait raison ? Ce dont je suis certaine, c'est qu'elle est amoureuse de mon mari, ça se voit, c'est flagrant. J'ai du mal à imaginer qu'elle accepterait de tout quitter, comme ça, du jour au lendemain. Quoi qu'il en soit, je ne peux empêcher cette histoire de me hanter. La reverra-t-il lundi, à l'atelier ? M'a-t-il dit la vérité ? Je préviens Serge qu'il n'y aura pas de deuxième chance. Depuis, j'essaie de vivre avec ça, de continuer ma vie à trois, à Vert-le-Petit, en espérant ne jamais revivre une chose pareille. Je tolère donc cette mésaventure, mais ne l'excuse pas. Selon moi, si cela se reproduit, il n'y aura pas d'échappatoire pour Serge.

Je démissionne de mon emploi aux Halles, à contrecœur, pour tenter de retrouver un équilibre, entre ma vie professionnelle et ma vie privée, plus acceptable. Néanmoins, la recherche d'emploi s'annonce plus compliquée que je ne l'imaginais. Les mois s'égrènent. Nous n'avons plus qu'un seul salaire qui entre. Tout devient très compliqué.

Mes arrière-grands-parents, les grands-parents de ma mère, décèdent successivement, tous les deux à l'âge de 91 ans, alors que Célia n'a que quelques mois. Ma mère, étant fille unique – et ma grand-mère n'étant déjà plus de ce monde –, se trouve alors héritière de leur petite maison à Savigny-sur-Orge, dans l'Essonne, non loin de Viry-Châtillon. À l'époque, leur maison était tellement bien entretenue qu'on aurait presque pu manger directement sur le sol. Or, en quelques mois seulement, mes parents ont réussi à transformer ce joli petit endroit en un espace souillé, puant et encombré de toutes sortes de paperasses et bibelots. Sacré Diogène ! Il continue de sévir, celui-là ! Un jour, ma fille, qui se déplace à quatre pattes, me tend, dans sa petite main, une crotte de chat et un cachet que je reconnais encore. « Regarde, Maman », me dit-elle. Je règle le problème avec mon père, en lui précisant que je trouve cela inadmissible. À la visite suivante, mes parents se sont efforcés de faire un brin de ménage avant notre venue. C'est déjà un peu plus respirable. Néanmoins, au réveil de ma fille, après sa sieste sur leur lit, ses ongles sont noirs de crasse. Le lit est miteux et sale. Après le lavage méticuleux de ses mains, nous ne tardons pas à partir, c'est particulièrement insoutenable.

Enfin, après de nombreuses démarches de recherche d'un nouvel emploi, je suis retenue sur un poste de secrétaire commerciale dans une zone industrielle, proche de notre domicile. Le domaine m'intéresse énormément, il s'agit d'une maison d'édition de livres pour enfants. Il m'arrive parfois, même, de rapporter un livre de bain ou un imagier pour ma fille. Elle semble aimer la lecture. Ainsi, nous stimulons l'éveil de Célia, par cet intermédiaire. Nous y consacrons de nombreuses heures, dès que possible. Je travaille de manière acharnée, pour un salaire très bas, pendant deux années quand, Serge, toujours très amoureux, me propose de concevoir un petit frère à Célia. J'en suis heureuse et accepte sans hésitation, en espérant solidifier notre couple et voir la grossesse se dérouler au mieux. Ce futur bébé devrait être aussi mignon et sage que sa sœur, enfin je l'espère. J'aimerais que ce soit un garçon, cette fois. L'annonce de la grossesse ne tarde pas à se faire. Cette grossesse est bien différente de celle que j'ai vécue pour mettre au monde Célia. Pour Lucas, dont j'avais demandé la nature du sexe rapidement, je parviens à manger correctement, mais une menace de fausse couche plane dès les premières semaines. Je dois absolument arrêter de travailler. Une sage-femme se présente tous les quinze jours à la maison pour assurer mon suivi médical. Je ne dois commettre aucune imprudence, au risque de perdre ce bébé. J'obtempère, car il me faut mener cette grossesse à son terme, coûte que coûte. Je m'alimente bien, et commets même parfois quelques abus alimentaires.

Un imprévu vient brutalement perturber cette nouvelle aventure. Le téléphone sonne. C'est Mémé. Je l'entends pleurer, elle a beaucoup de difficultés à parler. Je suis saisie par la torpeur, car je comprends instantanément la gravité de son appel. C'est imparable, Pépé est décédé ce matin, des suites d'une pleurésie. Entendant les sanglots de ma grand-mère, je la soutiens dans un premier temps, puis lui indique que je préviens mon frère, ma sœur, et mes parents, afin de lui éviter cette charge supplémentaire. À ce moment-là, une réflexion me traverse l'esprit : je n'ai pas réussi à combler les dix années que mes parents m'ont enlevées, en ayant coupé les ponts et en nous interdisant tout contact avec mes grands-parents adorés. Je leur en veux encore terriblement.

Serge est avec moi, très abattu également. Il me propose de contacter lui-même mes parents par téléphone. Par décence, même dévastée et enceinte de cinq mois et demi, je préfère leur annoncer cette terrible nouvelle de vive voix. Je décide de nous préparer puis de partir rendre une visite improvisée à mes parents à Savigny-sur-Orge.
Arrivée devant le portail, j'appuie sur la sonnette, mon visage affiche la plus grande tristesse, mais mon père n'y prête aucune attention. Il sort et ouvre le portail. Nous le saluons et le suivons jusqu'à l'intérieur de la maison. Il nous offre un café puis nous propose de nous asseoir :
— Quel bon vent vous amène ? demande-t-il.
— On vient vous annoncer une terrible nouvelle.
— Ah ?

— Je pensais vous téléphoner, mais j'ai préféré faire le déplacement pour vous l'annoncer… Pépé est décédé ce matin.
— Ah, ça, c'est très bien ! C'est ce qui pouvait arriver de mieux à ta grand-mère !
— J'aurais préféré me passer de ces commentaires, je suis juste venue te l'annoncer en personne pour soulager Mémé qui était en pleurs au téléphone.

La réaction de mon père me foudroie. Je ne sais quoi répondre à ces remarques déplacées ; il me dégoûte de plus en plus, et ma mère qui acquiesce, c'est misérable. Au vu de mon état, il aurait pu avoir un minimum de décence et de compassion, mais c'est totalement utopique d'oser ne serait-ce qu'y penser. Je deviens fataliste : au fond de moi, je sais que jamais rien ne changera en eux. J'avale mon café, puis fais un signe à Serge pour partir de là. L'entrevue n'aura duré, en tout et pour tout, qu'une dizaine de minutes. Je m'en veux. J'aurais mieux fait de les informer par téléphone. J'aurais peut-être mieux encaissé ces propos inhumains. Aussi, je les laisse informer eux-mêmes mon frère.

Le jour des obsèques de Pépé, mon père ne daigne pas se déplacer pour soutenir sa propre mère. C'est, de mon point de vue, un acte des plus ignobles. Je me suis rendue aux obsèques avec Charlotte, nous avons acheté une plaque et des fleurs toutes les deux, au nom de nous trois. Mémé est effondrée. J'ai beaucoup de peine pour elle ; elle qui ne cesse de répéter que Pépé l'attend et qu'elle espère le rejoindre au plus vite.

Je n'ai plus, au sein de ma famille, le moindre appui, la moindre bienveillance. C'est bien dommage qu'il soit parti si vite. Il me manque encore terriblement. Il m'arrive souvent de penser, depuis cette journée de deuil, à la manière dont je réagirais s'il arrivait malheur à l'un de mes parents. J'y réfléchis souvent. Après maintes réflexions et analyses, je me persuade de ne pas me formaliser avec ça. Quel que soit le parent survivant, il ne mérite pas la moindre empathie ou compassion, au vu de ce qu'ils sont capables de dire, de penser, de faire subir à leur entourage. Je pense d'ores et déjà ne pas me déplacer lorsque ces événements se produiront, par vengeance certainement, sinon par dégoût. Ils ne méritent pas que moi, leur fille, je me recueille sur leur dépouille. Je me sens capable de n'éprouver aucun sentiment, ne pas m'attrister, car je ressens toujours cette haine à leur égard, mais cette hypothèse m'oppresse, d'imaginer que je pourrais me comporter comme eux.

Lucas naîtra le 11 janvier 1995, trois ans et demi après sa sœur, devenue autonome. Malgré la péridurale que j'ai demandée, je souffre presque autant que pour la première naissance. Dès qu'il pointe le bout de son petit nez, il m'est posé sur la poitrine. Je le regarde, il me regarde. Je l'aime déjà, ce petit bout de chou. Il a les mêmes yeux et autant de cheveux que sa sœur. J'ai l'impression de revivre la même naissance. Clara, qui travaille toujours au CHU d'Évry, se voit annoncer la naissance par une de ses collègues. Elle se précipite jusqu'à la chambre pour faire connaissance avec ce petit bout de chou de 3,150 kilos et âgé d'un quart d'heure seulement. Elle s'assure que je vais bien puis regagne son bureau. Comme pour la naissance de Célia, Serge se charge d'annoncer cet événement à l'ensemble de la famille et de nos amis.

Durant le séjour à l'hôpital, je vois débarquer mes parents dans ma chambre. Une odeur forte et puante envahit l'espace. Ils sont habillés de vieilles frusques, très sales, ma mère n'est pas lavée, je le constate à ses doigts et à ses cheveux gras. Elle n'a pas dû voir la douche depuis un bon moment. J'éprouve alors une grande honte, face à l'autre maman qui partage la chambre. Clara me rend une petite visite avant de terminer sa journée de travail. Elle est horrifiée par l'odeur qui règne dans la pièce. Je

lui explique que ce sont mes parents, qu'ils viennent tout juste de repartir. Elle s'empresse alors de regagner son bureau pour se procurer un parfum d'ambiance. Elle revient rapidement et vaporise la chambre de ce parfum qui finit par camoufler légèrement cette odeur nauséabonde. Mille mercis, Clara !
De retour à la maison, nous commençons cette nouvelle vie à quatre. Je demande un congé parental à la suite du congé de maternité, pour pouvoir m'occuper de nos deux enfants. Tout va bien, à part quelques difficultés financières que nous avons beaucoup de mal à surmonter. Après maintes réflexions, je décide alors de contacter mes parents, à contrecœur, puisqu'ils s'occupent de la gestion d'une association solidaire à Savigny-sur-Orge, ce qui est pour moi un paradoxe hallucinant dans toute sa splendeur !
— Salut Maman, tu vas bien ?
— Oui, ça va. Et toi ?
— Oui. Je t'appelle car j'aurais besoin d'un coup de main.
— Pour quoi faire ?
— En fait, depuis la naissance de Lucas, on a du mal à joindre les deux bouts, Serge et moi. Je me demandais si tu pouvais nous aider avec ton association.
— Qu'est-ce que tu veux, exactement ?
— Ben, des denrées alimentaires, genre pâtes, riz, biscuits, lait… enfin, de quoi nous soulager sur le plan des courses… (*Je me sens gênée de lui demander cela, mais je n'ai vraiment pas le choix.*)
— Certainement pas. Tu vois, ma fille, je vais te dire un truc. Pour moi, si l'un de vous trois se met dans la merde, ce n'est pas mon problème, il s'y sera mis tout seul, alors c'est seul, qu'il doit trouver une solution.
— Mais maman, tu imagines bien que si je t'appelle, c'est que je n'ai aucune autre solution.
— Tant pis, tu te débrouilles…
— Franchement, j'ai vraiment eu tort d'imaginer un instant que tu pourrais m'aider, ne serait-ce que pour tes petits-enfants. À la limite, pour moi, je m'en fiche, mais au moins pour eux !

— Désolée, mais non.
— C'est dégueulasse. Je ne te pensais pas aussi ignoble. Qu'à cela ne tienne, je m'en souviendrai !
— Alors là, tu vas trop loin, Valérie. Tu sais, je vais encore te dire un truc : si je dois t'offrir quelque chose, un jour, sache que ce sera le *Guide du savoir-vivre* !
— Ah bon, et pourquoi ?
— Parce que tu en manques sérieusement.
— Écoute, maman ! Ton guide, OK, je veux bien que tu me l'offres, mais tu le liras avant ! Salut !

Je raccroche brutalement, ma colère est sans aucune mesure. Je lui trouve une méchanceté inébranlable. Je suis alors en boucle, je la hais, elle qui ne lève pas le petit doigt pour aider sa fille qui a besoin de nourrir convenablement ses enfants. En même temps, je suppose qu'elle n'imagine pas le réel prix des aliments, au vu du peu de dépenses qu'elle a dû avoir concernant ses propres enfants.

Quelques jours plus tard, mon père me contacte par téléphone et m'annonce enfin une bonne nouvelle : ils sont prêts à nous aider, ils vont nous apporter des produits alimentaires. Soulagée, je les accueille, ils sont chargés de deux colis, remplis de biscuits, de pâtes, de petits pots pour bébé. Je leur fais confiance et les remercie d'avoir accepté de m'aider. Au fond de moi, je pense que mon père a fait le nécessaire pour faire fléchir ma mère. En mon for intérieur, je reste persuadée qu'il ne s'agit pas d'un élan de générosité subit de la part de ma mère, c'est sûr. Nous passons un moment à discuter autour d'un café, puis ils repartent.

Dès leur départ, j'ouvre les deux cartons puis constate qu'à l'intérieur se trouvent, en effet, des denrées prévues pour soulager nos courses hebdomadaires. Mais l'horreur et le mépris remplacent mon enthousiasme. Je découvre que les petits pots sont tous périmés de dix-huit à vingt-quatre mois, les paquets de

biscuits sont dépourvus de leur inscription mentionnant la date de péremption, les paquets de pâtes se sont vus, quant à eux, raturés au marqueur noir sur l'inscription de cette même date de péremption. Elle l'a fait sciemment. Je décide de jeter tous ces aliments au vide-ordures situé dans ma cuisine, dégoûtée par ces actes malveillants et intolérables.
Une fois de plus, je me renferme, ne donne plus aucune nouvelle à mes parents. Au bout d'un long moment, mon père se présente à l'appartement. Je suis seule avec les enfants et toujours très en colère après lui :
— Salut ma fille.
— Salut. Qu'est-ce que tu fais là ?
— Ta mère et moi, nous ne comprenons pas ce silence. Tout s'est bien passé, pourtant, la dernière fois. Qu'est-ce qu'il y a ?
J'explose intérieurement puis l'assène de paroles que je ne regretterai jamais :
— Tu veux vraiment le savoir ?
— Bien sûr !
— Eh bien, si c'était pour me donner des produits périmés, vous pouviez rester chez vous. Je ne vous laisserai pas mettre ma vie et celle de mes enfants en danger. Tout ce que vous avez apporté est parti au vide-ordures !
— Tu devrais dire cela à ta mère !
— Alors là, certainement pas. Tu as osé venir jusque chez moi pour me demander des explications, alors tu vas repartir chez toi avec ma réponse. Tu te chargeras toi-même de le lui dire. Aussi, je tiens à te dire une chose : le premier qui fait du mal à un de mes enfants, il est mort ! Tu comprends ?

Il semble totalement désemparé, puis repart. Je suis satisfaite, j'ai réussi à l'affronter. Peut-être n'est-il pas au courant de ce qui avait été enfermé dans ces cartons ? Pour moi, il est aussi responsable qu'elle.

Quelques jours plus tard, il se représente avec un autre colis, un seul, mais beaucoup plus gros, posé sur un diable. Je l'ouvre devant lui puis constate avec bonheur que rien dans son contenu n'est périmé, bien au contraire. Je le remercie. Il me supplie ensuite, d'une voix douce, de ne surtout rien dire à ma mère, que cela doit absolument rester entre nous. Je comprends alors que les faits précédents sont délibérément ceux de ma mère. Je dédouane donc mon père sur ce sujet et méprise doublement ma mère dans la foulée.

En 1996, Mémé disparaît à son tour, à la suite d'un malaise nocturne. Je suis prévenue par ma tante. Pour le coup, mes parents se déplacent pour ses obsèques, non pas pour soutenir ma tante, mais pour vider la maison. Ils ont pris soin d'installer toutes sortes de bibelots sur leur buffet, en nous indiquant que nous pouvions prendre ce que nous voulions parmi eux. Dans le coin se trouve la pipe à eau originaire du Proche-Orient, que mon grand-père avait promise à mon mari. Je la prends. Au revoir et nous repartons. Terminé, fin de l'histoire. Ma tante quittera ce monde quelques mois plus tard.

Au bout de plusieurs mois, à force d'effectuer les mêmes gestes répétitifs, jour après jour, pour l'entretien de la maison et du linge, la préparation des repas, la toilette des enfants, l'accompagnement de Célia à l'école, les jeux, les feuilletons en début de chaque après-midi, je ne tiens plus en place. Je recherche activement un travail. Finalement, avec le soutien d'Antoine, le grand-père adoptif de mes enfants, je suis embauchée, dès janvier 1996, à temps plein, dans une association située à Montreuil, qui accompagne les travailleurs handicapés dans leur réinsertion professionnelle en leur offrant une formation sur un métier. Tant pis pour les temps de trajet, j'apprécie ce nouveau domaine dans lequel je trouve mon nouvel investissement et où les relations professionnelles sont basées sur des valeurs humaines : le respect, la solidarité et l'entraide. Elles me correspondent totalement. Je suis alors secrétaire d'une équipe de formateurs. Je ferai alors carrière dans cet établissement au point de devenir, en 2012, une de ces formatrices dans le domaine du secrétariat.

CHAPITRE 9

Durant toutes les années qui suivent, je vois régulièrement mes parents pour les obliger à ne pas ignorer mes enfants. Je considère que, n'ayant pas su élever correctement leurs trois enfants, ils se doivent de se rattraper en assumant leurs petits-enfants. Toutefois, je garde un œil vigilant sur les agissements et surtout une oreille attentive sur les piques et autres traditionnels reproches que peut me formuler ma mère. Progressivement, je sens que les choses s'apaisent entre nous. En revanche, je distingue rapidement que ma mère n'apprécie guère Lucas. Sa préférence va à Célia. Je ne me suis pas trompée, cela va durer, et durer encore jusqu'au bout.

L'univers de Célia est des plus agréables. C'est une enfant très sage, aimée de l'ensemble de ma famille et de mes amis, ce qui n'est pas vraiment le cas pour son petit frère. Certains membres de notre entourage ne s'y intéressent pas. Un jour, ma mère propose d'emmener mes enfants en vacances à la montagne ; plus précisément en Haute-Savoie. Elle me demande si je suis d'accord pour lui confier mes enfants pendant une semaine. Ils ont respectivement presque 7 ans et 3 ans. J'accepte, sans réfléchir, imaginant qu'enfin, mes parents auraient une espèce de lueur d'esprit pour se comporter comme de véritables êtres humains. Auraient-ils changé à ce point ? Ce qui me rassure est que ma mère sera présente, mon père ne pourra pas leur faire de mal, et inversement. Après mûres réflexions, et toujours en proie aux souvenirs dont je n'arrive pas à me débarrasser, je leur propose de m'emmener avec eux. J'ai des arguments imparables : jamais je n'ai vu une montagne enneigée, je peux poser une semaine de vacances et je suis prête à régler ma participation. L'argument que je ne dévoile pas est que je veux absolument protéger mes enfants. Ils acceptent. Le marché est conclu. Nous partirons en Haute-Savoie tous les cinq en avril prochain. Quant à Serge, il restera à la maison puisqu'il ne peut pas poser de congés à ce moment-là.

C'est le grand jour, 14 avril 1998, nous arrivons à Samoëns, en Haute-Savoie. Dès notre arrivée, je contemple ce paysage magnifique. Nous nous arrêtons pour déjeuner dans un petit restaurant, non loin du gîte que mes parents ont réservé. Une fois que nous sommes attablés, je conseille mes enfants sur les plats du menu, puis commande pour eux. Je laisse mon père et ma mère choisir leur plat, tout en scrutant toutes les propositions du menu. Mon père choisit une tartiflette, ma mère, une pièce de bœuf accompagnée de pommes rissolées. Yes, c'est à moi de commander : « Tagliatelles aux morilles, s'il vous plaît. » Ma mère, déçue de ne pas avoir vu ce plat dans le menu, regrette son choix. Trop tard.

Les plats nous sont apportés, nous regardons nos assiettes respectives sans y toucher. Je vois ma mère se pavaner devant mes morilles et je pense deviner ce qu'elle a dans la tête à ce moment-là. Les enfants se régalent, nous ne parlons pas énormément. Quant aux morilles qui font de l'œil à ma mère, je m'en délecte et elle s'en rend bien compte. Je jubile, pour une fois. La revanche a sonné. Je lui montre, sur le bout de ma fourchette, la plus belle d'entre elles – « oh la vache, elle est sacrément balaise, celle-là ! » –, puis je la glisse délicatement dans ma bouche. Je sens qu'elle me maudit de lui faire ce coup, et moi, je m'en amuse. Je fais goûter un morceau à Célia qui semble apprécier. Lucas, lui, n'y tient pas vraiment. Je n'insiste pas.

Après le repas, nous nous dirigeons vers le chalet. Nous le visitons. Il est modeste et a l'air confortable. Je partage la chambre avec mes enfants. Je suis plutôt rassurée, ils sont en sécurité, avec moi. Le séjour se déroule sans encombre ni anicroches. Nous en profitons surtout pour prendre un bon bol d'air, jouer, construire un bonhomme de neige, glisser… L'air de la montagne me fait un bien fou. Nous flânons pour trouver des boutiques dans lesquelles je peux acheter des souvenirs. J'ai en tête, particulièrement, d'acheter un coucou ; mes grands-parents en possédaient un qui chantait toutes les heures dans leur cuisine, et j'ai très envie d'en avoir un aussi chez moi. Chose faite, j'en trouve un, certes un peu cher, mais le prends tout de même. Au diable, l'avarice !

Lors d'une conversation avec mes parents, ces derniers me proposent d'organiser un autre séjour l'année suivante, avec les enfants, mais précisent que ce sera sans moi. Et pour cause, je leur ai volé leur possible domination, leur éventuelle emprise sur mes enfants. Malgré tout, j'accepte. On verra bien. Ma fille, d'ici là, sera plus grande et saura m'expliquer s'il se passe des choses étranges. De plus, ma mère aime réellement Célia et je ne pense pas qu'elle soit capable du pire vis-à-vis de sa petite-fille.

À l'approche du deuxième séjour à Samoëns, ma mère m'annonce qu'ils ne peuvent pas réserver le même chalet, celui qu'ils parviennent à obtenir est bien plus petit. Ils ne peuvent emmener que Célia. Désemparée, j'accepte quand même, mais j'ai une impression de discrimination vis-à-vis de mon fils. Pourquoi Célia ? Pourquoi pas Lucas ? Tout compte fait, je ne me torture pas l'esprit avec ça. Je verrai bien.

Le départ est proche et je prépare la petite valise de Célia. Toutes deux isolées dans la chambre des enfants, assise sur le lit de ma fille, j'engage une conversation avec elle pour la mettre en garde :

— Tu sais, Célia, parfois Papy et Mamie ne sont pas gentils.

— Bah si, maman. Ils sont gentils.

— Oui, je sais, pour l'instant, ils sont gentils avec toi, mais il faut que je t'explique quelque chose, Célia. Avec tonton Fabien, tata Charlotte et moi, ils n'étaient pas gentils quand on était petits.

— Ah bon ? Pourquoi ?

— Je ne sais pas, ma chérie. Il faudra que tu fasses très attention, on ne sait jamais. Ne reste pas toute seule avec Papy, il pourrait te faire du mal. Ne reste pas toute seule non plus avec Mamie, elle pourrait te taper. Il faut que tu sois toujours avec eux deux. Tu comprends ?
— Oui.
— Aussi, personne ne doit te laver, tu es assez grande, maintenant. Tu as 8 ans. Si Papy ou Mamie veut te laver, tu réponds que tu es grande et que tu sais le faire toute seule. D'accord ?
— Oui, maman.
— Tu me promets ?
— Oui, maman, je te promets.
— Si tu t'aperçois de quelque chose qui ne te plaît pas, il faudra que tu m'en parles, s'il te plaît. C'est très important. Et puis, Papy et Mamie n'ont pas le droit de te taper. Tu me le diras, s'ils te tapent ?
— D'accord, maman. Ne t'inquiète pas.
— Tu vas me manquer, mais tu es grande, ce sera bien, les vacances. Je te fais totalement confiance.

Elle comprend chacun de mes mots, Célia. Je lui fais confiance. Malgré tout, ma confiance reste très limitée vis-à-vis de mes parents. Nous sortons toutes les deux de la chambre et j'espère, au plus profond de mon être, que rien ne se produira en mon absence.

C'est le jour du départ, mes parents viennent chercher Célia. Nous faisons un gros câlin ensemble. Elle fait également son câlin à son petit frère. Tout va bien. Lucas ne pleure pas en voyant sa sœur partir sans lui. Pendant le séjour, ma mère m'appelle deux fois : la première pour m'informer qu'ils sont bien arrivés, c'était une recommandation que je leur avais faite avant le départ ; la deuxième pour me tenir au courant de leurs journées.

À leur retour, je vois ma fille revigorée, arborant de belles couleurs rosées au niveau des joues, elle qui habituellement est blanche ; on lui trouve souvent un teint de porcelaine, et là, ce n'est pas le cas. Mes parents sont fiers de m'informer que tout s'est bien passé, que Célia est vraiment adorable, qu'elle est sage et qu'elle parle très bien. Ils n'ont rien à dire sur son comportement. En même temps, le contraire m'aurait étonnée. Ils nous racontent quelques péripéties du séjour, et nous rions ensemble. Célia se colle à nous, nous fait comme à son habitude de gros câlins, et Lucas n'attend qu'une chose, c'est rejouer avec elle. Il la tanne pour l'emmener dans sa chambre. Elle finit par le suivre. Nous voilà entre adultes et mon père, fier de ce séjour avec sa petite-fille, nous montre quelques photos. De beaux paysages, l'intérieur du chalet, les assiettes pleines de bons aliments, des marmottes que Célia a pu approcher, des morilles et… cette photo qui me déstabilise totalement. Je la regarde, elle me fait froid dans le dos. À ce moment précis, j'ai la sensation que mon cœur s'arrête de battre. Elle représente mon père couché sur le lit, et ma fille couchée également. Ils se font face et se regardent en souriant. C'est ma mère qui prend la photo. Je ne peux m'empêcher d'imaginer le pire. Je ne dis rien, mais le malaise est bien présent. C'est terminé ! Je ne leur confierai plus jamais l'un de mes enfants, même si, selon Serge, il n'y a pas matière à m'alarmer. Mes parents partis, j'entreprends Célia pour qu'elle nous explique, avec ses mots, ses vacances en compagnie de Papy et Mamie. Je ne la sens pas traumatisée par quoi que ce soit, au contraire. Même les questions ciblées que je lui pose amènent une réponse négative à chaque fois. Je suis quelque peu rassurée. Néanmoins, ma décision est prise. C'est terminé !

J'aime tellement mes enfants que jamais je ne saurai tolérer de nouveaux agissements comme ceux que j'ai pu vivre quelques années auparavant, même un dixième de ce que j'ai pu vivre. Je ferai tout pour eux, jusqu'à tuer le parent qui osera s'en prendre à l'un d'entre eux. C'est bien ancré en moi, rien ni personne ne me fera changer sur ce point, moi qui, a contrario, refuse toute violence, quelle qu'elle soit.

Une fois de plus, je décide de prendre du recul vis-à-vis de mes parents. Je reste très liée avec mon entourage, ma sœur, mes amis. J'ai énormément besoin d'eux, car ils m'aident à me reconstruire de manière permanente. Je n'ai surtout besoin que de personnes qui ne me veulent aucun mal, et mes parents ne feront jamais partie de cette sphère.

Le temps s'écoule, jour après jour, semaine après semaine ; au bout de plusieurs semaines, mon père se présente une nouvelle fois à l'appartement que nous occupons, à Grigny, dans l'Essonne. Il semble encore embarrassé, je suis seule avec mes enfants ce jour-là. Il me demande pourquoi ce nouveau silence, il ne comprend pas. Je n'ai pas de réponse précise à lui donner, mais je lui indique que j'ai juste peur, que des « flashs » me remontent du passé, des scènes qui me reviennent régulièrement. Je lui précise que le séjour qu'ils ont passé avec ma fille à Samoëns a réveillé en moi plusieurs vieux souvenirs dont j'ai très envie de me débarrasser. Je conclus en lui disant : « Je ne vais pas te faire un dessin ! » Il me regarde fixement quelques secondes sans dire un mot. Je pense qu'il a compris le message, je n'en ajoute pas plus. Il repart aussi vite qu'il est venu. Je me rends compte que j'ai beaucoup évolué pendant ces quelques années qui me séparent de mon adolescence. J'ose dire les choses à mes parents, les affronter, même s'il me reste encore une certaine réserve qui m'oblige à ne pas être trop dure avec eux.

Les années s'égrènent, les enfants grandissent. Nous communiquons beaucoup entre nous. Je ne revois mes parents que pour les grandes occasions : les anniversaires et les fêtes, sans plus. De toute façon, même lors de fêtes que j'organise, comme le baptême de Célia et les quarante ans de Serge, sans oublier notre mariage, ils trouvent toujours le moyen de saccager tous mes efforts, et donc de saborder les quelques moments heureux.

Nous menons une vie de famille dont j'ai toujours rêvé. S'occuper des enfants, les respecter, communiquer sont les maîtres-mots qui me guident jour après jour. Je me charge d'organiser, tous les ans, nos vacances d'été sur des périodes de quinze jours, voire trois semaines, un peu partout en France. Du coup, Serge, les enfants et moi partons chaque été en vacances, dans des gîtes, et varions nos plaisirs en changeant d'endroit pour éveiller les enfants. Mes choix s'orientent principalement sur la mer et la campagne. D'année en année, de province en province, nous nous offrons des moments des plus agréables en famille. Une année, la seule année d'ailleurs, nous proposons également à Charlotte de nous accompagner à Barcarès, dans le but de ne pas la laisser seule et de profiter de véritables moments en famille. Cette période devant également lui permettre de se raisonner sur sa consommation d'alcool, jugée en temps normal comme abusive.

D'année en année, toutefois, progressivement, les tensions apparaissent de plus en plus au sein de notre couple, mes doutes reviennent à la surface concernant de possibles infidélités de mon mari, Serge. Généralement, ces petites vacances débutent plutôt bien, mais sont fréquemment écourtées pour diverses raisons, notamment concernant le cadre, parfois trop silencieux à son goût, ou du climat qui ne lui convient pas car, selon lui, trop venteux ou trop froid. Je cède à chaque fois, et nous rentrons à la maison. À force, je me rends compte que quelque chose ne tourne pas rond. Je tente, à maintes reprises, de trouver quelques indices qui pourraient me mettre sur la voie, mais rien de probant ne m'aiguille.

Un jour, Serge m'annonce qu'il a trouvé un travail « au noir » par l'intermédiaire d'un copain que je ne connais pas, un certain Jean-Christophe, afin d'arrondir nos fins de mois. Je ne vois pas, dans un premier temps, d'inconvénient à cela. Je ne me méfie pas. Il s'agit de travaux de bâtiment – carrelage, peintures, papier peint – qu'il réalisera certains samedis, environ un sur deux, et ce, toute la journée. Il commence samedi prochain et touchera 80 euros. De retour de sa journée de travail, il me remet 40 euros, et conserve les 40 autres. Je ne me méfie de rien au début, mais au fur et à mesure, je constate qu'aucune odeur n'émane de lui, ni de peinture, ni de papier peint ou autres, ni même de transpiration. Je le soupçonne, le questionne. Lui se défend en me rétorquant que je me fais des idées, voire des films, que je n'ai rien à craindre et, surtout, qu'il m'est réellement fidèle. Qu'à cela ne tienne, je me lance éperdument dans mes recherches d'indices.

De plus en plus suspicieuse, je lui explique que, étrangement, ce Jean-Christophe n'a jamais appelé à la maison, et que, pour moi, cet homme est l'Arlésienne. Il n'existe pas. Je m'aperçois également que mon compte revolving, souscrit à l'époque du découvert infligé par mes parents, passe son temps à se faire débiter, puis recréditer par les virements permanents de mon compte. Là, c'est un indice imparable dont je lui parle, lui faisant une scène. C'est la première de toute notre vie de couple. Pour couper court, il m'annonce qu'il n'ira plus travailler au noir. Son argument quant à l'argent débité sur le compte revolving : il lui servirait à s'alimenter. Ma colère retombe facilement, je l'aime toujours et me sens plus ou moins rassurée, tout en restant sur mes gardes. Bizarrement, le fameux Jean-Christophe appelle à la maison, en soirée, la semaine suivante. Il ne le fera qu'une seule fois. Ce jour-là, c'est moi qui décroche. Je tends le combiné à Serge qui me regarde. Il pense me lever le doute sur ce point, mais ce n'est pas tout à fait le cas. Mes soupçons, même amoindris, restent toujours bien présents. Je n'ose en parler à personne, même pas à nos amis. Peut-être Serge a-t-il raison, je me fais des idées, des films ? Ou je deviendrais complètement paranoïaque ? Je suis en pleins doutes, attendons de voir, il faut encore creuser.

Me croyant rassurée qu'il ait quitté son travail « au noir », quelque temps plus tard, Serge se trouve une nouvelle occupation qui, à mes yeux, ressemble à une nouvelle passion : la pêche en étang, à la Vallée de l'Orge, à quelques kilomètres de la maison. Nous habitons à ce moment-là à Saint-Michel-sur-Orge. Cette passion, si soudaine, me surprend. En effet, nous avons habité quelque temps à Vert-le-Petit, très près des étangs, et à aucun moment il n'a souhaité aller lancer une canne à pêche… Il commence à m'en parler, à m'emmener dans les magasins dédiés aux sports, afin de s'acheter tout le nécessaire pour bien commencer cette nouvelle passion : il investit dans une canne, des hameçons, des plombs, des bouchons, des asticots, etc. Il décide de se faire la main, avec ce nouveau matériel, dès le samedi suivant.
Très régulièrement, le samedi, il part assouvir cette « passion » pour la pêche. Il me réserve quelques samedis en famille, fort heureusement. De week-end en week-end, je me rends compte de la régularité de ses absences, de ses départs de plus en plus matinaux et de ses retours de plus en plus tardifs, généralement aux alentours de 15 heures maximum. Je remarque également qu'il ne prend plus aucune douche à la maison, alors qu'il paraît propre. Après un long moment, je recommence à lui poser mes séries de questions, commençant de nouveau à avoir de sérieux soupçons. Je me souviens alors que, lors de sa première incartade, il y a quelques années, je lui ai précisé qu'il n'aurait pas de deuxième chance. Il répond systématiquement par la négative à toutes mes questions :
— Tu n'as pas pêché de poisson ?
— Non.

— C'est étrange, tu ne sens pas le poisson.
— Normal, ça ne mordait pas.
— Et pourquoi tu pars si tôt ? Tu n'y es pas obligé ?
— Non, mais souvent, la pêche fonctionne mieux au lever du jour.
— Je remarque que, non seulement tu ne sens pas le poisson, mais tu sens plutôt bon.
— N'importe quoi, tu n'as rien trouvé de mieux pour m'emmerder ? Arrête, tu veux ? C'est bon.

Rien n'y fait, je n'obtiens rien. Je recherche puis trouve alors une nouvelle façon de tenter de le piéger : je souhaite voir comment il réagirait si je lui imposais la présence de mes enfants qui, selon moi, aimerait bien pêcher avec leur père. Il me laisse monter ce projet, m'emmène de nouveau dans le magasin pour acheter des petites cannes à pêche escamotables pour les enfants. Ensuite, à aucun moment il ne leur propose de les emmener, malgré mes insistances fréquentes. Soit ! Je vais devoir trouver un autre moyen : proposer à son fils aîné, Alex, alors âgé de 25 ans et habitant non loin de chez nous, de l'accompagner pour une partie de pêche avec son père. Ce dernier accepte ma proposition et l'accompagne le samedi suivant. Je pense que, s'il n'a rien à se reprocher, il va passer le même temps de pêche avec son fils, et mes soupçons pourront alors s'évaporer.

Or, ce samedi-là, Alex me téléphone aux alentours de 11 heures pour me prévenir que son père vient de le quitter, prétextant qu'il rentrait à la maison car c'était trop calme à son goût. Alex repart également chez lui. Quant à moi, je l'attends inexorablement. Il ne revient qu'aux alentours de 15 heures. Qu'a-t-il fait pendant toutes ces heures ? Le doute plane encore et encore. La confiance est de nouveau rompue.

Malgré de nombreuses recherches sur internet, dont l'accès est limité à cette époque, je ne trouve aucun moyen de surveiller ses déplacements, comme un système de géolocalisation que j'aurais pu installer dans la voiture. Je décide alors de déployer les grands moyens : mon ultime recours serait d'engager un détective privé. Dès le lundi, je contacte une agence basée, à la fois près de notre domicile, à Saint-Michel, et à Paris. L'agent avec qui j'entre en contact me propose un rendez-vous auquel je me rends rapidement, toujours en proie à mes questionnements et à mes soupçons. L'agent, lors de notre entretien, me fait parler, me demande les détails qui me tourmentent, dont la régularité de ses absences, les horaires, le manque d'odeurs… Il me propose alors un devis, le protocole mis en place, et m'indique la date à laquelle il peut intervenir et qui, bien sûr, doit correspondre au fameux samedi de désertion. Rendez-vous est pris, ce sera samedi en huit.

Le fameux samedi, comme à son habitude, Serge se lève, se débarbouille, sort notre chienne, puis quitte la maison à 6 heures. Ne dormant plus vraiment bien, dès son départ de l'appartement, sans allumer le moindre éclairage, je me lève puis, depuis la fenêtre de cuisine, contemple la scène. J'aperçois une voiture, en face, qui allume ses feux. Mes yeux se dirigent vers notre voiture, une Opel Corsa noire qui démarre également. L'autre véhicule le suit. C'est parti pour la filature. Une forte angoisse s'empare de moi, j'espère qu'il ne se rendra compte de rien.

Afin de m'occuper l'esprit, je vaque, comme toujours, à mes occupations du samedi – cuisine, ménage, linge –, malgré les tourments qui ne me quittent pas. Serge rentre à 15 heures, sans dire un mot. Je ne parle pas non plus. A priori, il ne s'est rendu compte de rien. Le week-end se déroule, de la même manière que tous les autres, calmement. Je me mure dans le silence.

Le lundi suivant, je me rends sur mon lieu de travail, avec une idée fixe. Je dois absolument contacter ce détective pour obtenir les renseignements tant désirés. Je m'enferme alors dans mon bureau puis compose le numéro. L'homme au bout du fil me prononce une seule et unique phrase qui va me faire chavirer à jamais : « Vous aviez raison, Madame. » Il me propose un nouveau rendez-vous pour étudier la filature et visionner la vidéo qu'il a prise de mon mari. Le jour du rendez-vous, je pleure devant le compte-rendu et les images que je visionne avec ce détective. Je vois mon mari partir à 6 heures du matin, il conduit puis s'arrête devant une boutique vendant des articles de pêche. Il remonte en voiture puis se dirige vers un quartier d'Évry appelé « Les Épinettes ». Il n'y a aucun étang par là-bas. Plusieurs heures plus tard, il pleut des cordes. Je le vois enfiler son imperméable sorti du coffre de la voiture. Il reste là, quelques secondes, le temps de bien se tremper, puis remet l'imperméable dans le coffre, avant de s'installer au volant pour repartir en direction de notre appartement. C'est imparable, il y a bien infidélité. Le plus difficile, à partir de maintenant, sera de garder cela pour moi, alors que je suis totalement dévastée. Nous sommes en mai 2005, un dimanche soir, nous regardons à la télévision, avec les enfants, leur émission de dessins animés préférée, c'est le rituel du dimanche en fin de journée. La sonnette de notre porte d'entrée retentit. J'ouvre et découvre une copine de Célia, Julia, la fille de nos voisins, Philippe et Alicia, qui habitent au deuxième étage du même bâtiment. Nous nous connaissons plutôt bien, les filles jouent souvent ensemble, nous nous retrouvons fréquemment pour discuter autour d'un café ou lors de soirées à jouer aux cartes. Je me confie beaucoup à Alicia à ces moments-là, nous nous entendons plutôt bien et j'apprécie sa compagnie. Rien ne m'alarme lors de cette visite impromptue de leur fille, mis à part que je trouve Julia peu enjouée. Elle est envoyée par ses parents : nous sommes attendus immédiatement chez eux. Nous devons monter deux étages au-dessus. Ils veulent nous voir, mais pourquoi ? Je l'ignore. Je regarde Serge puis lui demande :

— Tu sais pourquoi ils veulent nous voir ?

— Bah, ce doit être encore pour des conneries, me répond-il.
— Les enfants, vous restez là. Restez tranquilles, nous n'en avons pas pour très longtemps.
— D'accord, maman, répond Célia.

Nous gravissons les deux étages de notre bâtiment. Serge n'est pas enthousiaste et baisse la tête, ce qui me fait penser à une nouvelle catastrophe. Arrivés au deuxième étage, nous frappons à la porte et Philippe nous accueille fermement : « Bonjour, entrez. » Je jette rapidement un coup d'œil vers Serge, je le sens de moins en moins à l'aise. Philippe, dont la femme est dans la cuisine, m'annonce, sur un ton extrêmement colérique, avoir surpris ce matin même Serge avec Alicia, plus loin dans la rue, et ce qu'il a découvert est sans équivoque. Nous sommes trompés, tous les deux. Serge, penaud, ne s'emporte pas, ne dit rien, contrairement à Philippe qui, lui, s'avance vers Serge, les deux poings en avant. Je tente d'éviter tout emportement, puis nous quittons rapidement ce couple. Bien sûr, une nouvelle scène de ménage explose aussitôt à la maison. Il me trompe avec Alicia alors que les images que j'ai visionnées quelques jours plus tôt ne précisaient pas qu'il s'agissait de cette personne, mais d'une autre qui habiterait dans le quartier des Épinettes, à Évry. C'est un séisme dans ma tête. L'homme que j'aime tellement aurait-il plusieurs conquêtes ? Il est vrai que c'est le calme plat, depuis bien longtemps, dans notre vie de couple, malgré mes tentatives infructueuses de rapprochements. Lui, s'échine à m'expliquer régulièrement que son manque de libido proviendrait d'un problème médical et qu'il est bien décidé à aller consulter un spécialiste. Je suis alors cernée par les mensonges et les trahisons. Ma conclusion est sans appel, je me rends compte que Serge mène une double vie avec une maîtresse, qu'il tromperait également avec une autre ? Dès que possible, je dois avertir mes amis, Guillaume et Clara. Pour le coup, j'ai un grand besoin de soutien, j'ai besoin d'eux, et eux seuls. J'annonce rapidement notre situation à Guillaume et Clara, qui se sentent également trahis par tant de mensonges de la part de leur ami de si longue date. Guillaume se sent bafoué par son super pote. Quant à Clara, elle comprend notamment mon désarroi et me soutient énormément. Elle me conseille de « ne plus faire marche arrière », ainsi qu'Antoine et Gisèle, les grands-parents adoptifs de mes enfants. Je n'ose pas, dans un premier temps, l'annoncer à mes parents, toujours par peur de la réaction de ma mère. Ce serait l'occasion, pour elle, de me dire, sur un ton sarcastique : « Tu vois, on te l'avait bien dit ! » Je n'ai pas vraiment besoin de ses remarques, surtout en ce moment. J'évite de la contacter.

Une semaine de travail se déroule, mes nuits sont extrêmement tourmentées. Le week-end suivant, nous commençons à nous occuper de l'appartement qui a besoin d'un bon rafraîchissement. Les tapisseries sont à changer, nous avons acheté les papiers peints quelques semaines plus tôt. Pour occuper également nos esprits, nous nous lançons dans la pose du papier peint de l'entrée de l'appartement. Je suis littéralement rongée par toutes ces découvertes. Je le harcèle de questions, de mes suspicions, à tel point qu'au bout d'un moment, Serge s'emporte violemment et me menace de son cutter devant mon visage : « Tu vas fermer ta grande gueule, maintenant ? » Lucas, alors âgé de 10 ans, se jette contre moi en hurlant, sa tête se colle contre mon ventre, il cherche à me protéger. Célia est dans sa chambre, elle pleure. Même si mes enfants aiment leur père, Lucas craint pour moi, j'ai extrêmement peur aussi. Armée uniquement de mon courage, je lui hurle : « Tu as fait le geste de trop, c'est terminé ! La violence ne passe pas par moi et tu le sais. Je demande le divorce ! »

Dès la semaine suivante, j'entre en contact avec une avocate, qui m'explique la marche à suivre. Je choisis de privilégier, pour les enfants, la garde alternée et d'engager une procédure dite « à l'amiable ». Aussitôt, j'avertis Serge pour qu'il fasse les démarches pour obtenir l'aide juridictionnelle. Nous cohabitons, mais n'échangeons plus. Je souhaite récupérer ma voiture qu'il utilise et la pipe à eau de mon grand-père. Il refuse tout en bloc, et nous en venons aux mains. Je tente de lui préparer une valise et ouvre l'armoire, il la referme violemment. Je tente de lui reprendre les clefs de ma voiture, mon Opel Corsa, il me menace avec ma centrale vapeur. C'en est trop ! Nous sommes arrivés à point de non-retour et l'amour que j'éprouvais pour cet homme est définitivement éteint. Une seule chose me reste en tête, je dois assurer le bien-être de mes enfants, les rassurer et, surtout, obliger Serge à les assumer, quoi qu'il arrive, avec la mise en place de cette garde alternée. Les enfants de sa première liaison n'ont pas été élevés par leur père, et je refuse qu'il réitère cette situation. Je discute avec mes enfants et leur explique ce qu'il va se passer dorénavant. Ils semblent comprendre, malgré la tristesse qu'ils me témoignent. Je suis très triste également pour eux, bien sûr, mais je trouve quelques arguments positifs pour qu'ils acceptent la séparation de leurs parents : « Vous aurez tout en double : deux maisons, deux chambres, deux Noëls, deux anniversaires… » En tout cas, je leur explique que je les aime de tout mon cœur, et que je ferai tout pour qu'ils ne souffrent pas de notre séparation, puis de notre divorce.

En rupture de dialogue avec Serge, je commence à faire l'état des lieux de notre patrimoine, à élaborer le plan de la séparation et à étudier les finances. Qui prend quoi ? Qui fait quoi ? Nous devons vendre l'appartement, puis en retrouver un pour chacun de nous, en élaborant une solution pour que mes enfants ne soient pas trop perturbés par un éventuel changement d'école. La solution qui me vient à l'esprit est que je me joigne à Serge pour trouver son appartement en location non loin de là, suffisamment grand pour accueillir les enfants. Dès l'obtention de ce dernier, je chercherai alors un autre appartement pour moi, de même dimension, à acheter, car mes revenus me le permettent.

Toutes les démarches se succèdent à la perfection. La séparation est alors amorcée.

L'estimation de notre appartement, réalisée par l'agence immobilière, est suffisamment basse pour que l'on puisse le vendre rapidement et engager les recherches. Les enfants poursuivent, quant à eux, leur scolarité et plus rien ne semble les perturber. L'appartement commun, une fois le compromis signé, permet de répartir les dettes et, surtout, de rechercher celui qui accueillera Serge et les enfants. Je mets mon nom sur le bail pour l'obtenir plus facilement, avec deux salaires, c'est déjà bien plus simple. Il obtient un F4 à Saint-Michel-sur-Orge. Je me lance ensuite dans mes propres recherches, seule, et sélectionne deux autres appartements non loin du sien, qui pourraient convenir. J'en choisis un, F4 également, à une centaine de mètres. En attendant ces deux emménagements, nous devons cohabiter, ce qui n'est pas facile, surtout pour moi. Serge, qui se couchait toujours en boxer, se met subitement au lit totalement nu. Pour rappel, j'ai douze ans de moins, j'étais follement amoureuse, et le fait de dormir avec lui me fait ressasser les plaisirs charnels de notre belle rencontre. Mes tentatives de rapprochements sont vaines. Malgré mes frustrations, les trahisons, les démêlés pour régler les démarches administratives, nous tentons de maintenir, dans la mesure du possible, une atmosphère calme pour nos enfants et poursuivons nos activités professionnelles, en même temps que les cartons se remplissent.

Mon emménagement approche, enfin je vais pouvoir respirer, me sentir chez moi, et surtout m'occuper de mes enfants comme je l'entends. Une semaine sur deux, je me réjouis de les accueillir, je leur pose quelques questions sur la semaine passée chez leur père, sans le dénigrer. J'évite bien sûr certains sujets. Je discute de banalités avec les enfants, de leur suivi scolaire, de leur vie, de ce qu'ils souhaitent manger au dîner, etc. Une chose que

je n'avais pas prévue, c'est ce manque d'appétit dont je souffre : lorsque j'ouvre les placards, je n'ai envie de rien. J'ouvre le réfrigérateur puis le referme aussitôt, rien ne me tente. Je prépare une cafetière de café, et seul le café avec un nuage de lait est une boisson que je savoure. Je me force à manger avec mes enfants, un petit peu, pour qu'ils ne se rendent compte de rien, mais selon moi, c'est uniquement pour la forme et pour être avec eux. Leur seule présence me fait du bien. Leur absence, en contrepartie, me vide totalement. J'ai la chance d'avoir une échappatoire : le travail dans lequel je m'investis totalement.
Un vendredi soir, les enfants reviennent. Célia, du haut de ses treize ans, s'installe sur le canapé, son frère à ses côtés. Elle semble avoir quelque chose à me dire :
— Maman, il faut qu'on te dise un truc. Papa nous a demandé de ne rien te dire, qu'il te l'annoncerait lui-même.
— D'accord, mais si tu ne veux pas me le dire, tu as le droit, je peux attendre.
— Non, maman, il faut qu'on te le dise, c'est trop important. Par contre, lorsque papa te l'annoncera, ne dis pas que tu étais au courant.
— D'accord. Je t'écoute.
— Alors assieds-toi, ça va te faire tout drôle.
— D'accord (je m'assieds face à eux).
— Tu sais, Sonia, la nouvelle copine de papa, elle a deux enfants…
— Oui, je sais, ça.
— Ils s'appellent Anaëlle et Théo.
— Ah, d'accord, et alors ?
— Eh bien, papa nous a dit qu'ils étaient nos frère et sœur. (Je suis abasourdie par ce que je viens d'entendre).
— Et ils ont quel âge ?
— Anaëlle a 9 ans. Théo a 1 an.

Rapidement, je fais le calcul. Cela fait donc à peu près dix ans que Serge a commencé à mener une double vie, avec une femme qui lui a donné deux enfants ; c'est aussi l'âge de Lucas. Lui, qui m'a toujours juré sa fidélité, lui qui m'a toujours dit que je me faisais des films, lui encore qui m'a toujours menti sur ses samedis en alternance hors de la maison. Cette nouvelle m'abat littéralement. Je me concentre entièrement sur mes enfants mais, intérieurement, ma fureur est très vive. Plus tard, j'apprends également que le fameux Jean-Christophe, qui le faisait soi-disant travailler « au noir », n'est autre que le frère de sa nouvelle compagne, Sonia. Au fond de moi, je souhaite qu'un jour, il soit puni pour ce qu'il m'a fait subir. Dans mon esprit, j'espère qu'un jour, il comprendra à quel point la trahison peut être destructrice.

Les semaines défilent, toutes de la même manière, une semaine seule, monotone et triste, une semaine plus vivante avec mes enfants lors de laquelle je fais semblant d'aller bien. Je prends néanmoins plaisir à vivre cette vie d'alternance et ne ressens aucune désolation face à cette situation. C'est une fatalité, n'en parlons plus. Au contraire, mon corps s'affine, je ne ressens aucune fatigue, seule me manque l'envie d'aller vers les autres, vers mes amis, par exemple. Et ce fameux appétit qui m'a lâchée brutalement et qui ne revient pas. Je dors très peu. Mes collègues commencent à s'inquiéter, me voyant maigrir de jour en jour. Mes amis me font remarquer également cet amaigrissement anormal. Clara pense que je suis entrée dans une phase de dépression, m'explique ses inquiétudes, mais je réfute cette hypothèse. Je lui réponds de manière quasi automatique : « Non, ne t'inquiète pas, je vais bien. » Je pense qu'elle ne me croit pas. Mes collègues s'y mettent aussi. Je vois leurs regards, parfois compatissants à mon égard. Mon poids n'est alors que de 52 kilos, mon squelette commence à apparaître, même sous mes vêtements. Je ne comprends pas qu'ils s'alertent tous pour mon état de santé. Je vais bien et, surtout, je me sens libérée. Il me faut juste le temps de m'adapter à cette nouvelle vie.

Au bout de plusieurs semaines, je finis par comprendre d'où provient ce manque de sommeil et d'appétit. Mon corps s'était habitué, autrefois, à se passer de nourriture. Aussi, je n'ai jamais, pour ainsi dire, vécu seule, à part ces deux mois d'été à Viry-Châtillon, lorsque j'étais encore adolescente. Cette solitude, même si je suis alors dans le déni sur beaucoup de choses, me pèse de plus en plus. Je revis lorsque mes enfants reviennent, puis m'éteins lorsqu'ils repartent. Voilà mon rythme et mon état d'esprit à ce moment-là.

Une de mes collègues, Jessica, m'entreprend alors et tente de m'inciter à trouver une occupation qui me permettrait de rencontrer des personnes. Un site de rencontres semble, selon elle, le meilleur moyen pour me sortir de mon isolement. Cela, toujours selon elle, ne m'engage pas, mais me permettrait de sortir un peu et de rencontrer des hommes. Je suis peu enthousiaste à cette idée. Quelques jours de réflexion me sont nécessaires, mais elle me relance fréquemment. Je finis par céder et m'inscris sur ce site à la mode à ce moment-là. Jessica avait raison. Malgré la perte de confiance en moi, je commence à discuter en ligne, puis accepte quelques invitations. La première rencontre, assez concluante, me fait rencontrer un homme qui, physiquement, me plaît : Didier. Nous nous retrouvons à plusieurs reprises pour passer quelques soirées ensemble. Toutefois, rapidement, je m'aperçois que nous ne sommes pas compatibles. Il me donne l'impression d'un homme violent, ce qui est, pour moi, rédhibitoire. J'arrête subitement de le voir et de le contacter. Le deuxième homme que je rencontre semble, comme dirait ma mère, « bien sous toutes les coutures ». Cependant, il ne souhaite rien construire, contrairement à moi. Cette soirée sera la seule en ce qui le concerne. Le troisième ne me plaît pas. Il me paraît trop insistant. Je n'apprécie pas cette hâte. Je laisse tomber. Après ces trois expériences infructueuses, je décide de me désinscrire de ce site qui, pour moi, n'est rien d'autre qu'un catalogue dans lequel chacun choisit avec qui il souhaite passer du bon temps.

Je me suis trompée, ça arrive, et décide d'arrêter là les dégâts. J'ai le sentiment de devenir une proie facile pour les hommes, et cela me dérange fortement.
Subitement, ding ! L'ordinateur se met à sonner. Un quatrième homme m'adresse un message :
— Bonjour M'dame, écrit-il.
— Bonjour. Tu tombes plutôt mal, je suis en train de me désinscrire.
— Bah pourquoi ?
— Désolée, mais les hommes sur cette plateforme ne valent pas grand-chose. J'arrête tout, je me désinscris.
— Nous pouvons discuter un peu, hors de la plateforme, sur la messagerie instantanée ? Tu as bien une messagerie instantanée ? Tu verras, je ne suis pas comme tous ces hommes.
— Bon ben, oui, d'accord.

Je lui écris mon identifiant de messagerie, puis quitte la plateforme de rencontres. Après tout, on verra. Je me laisse une dernière chance. Un nouveau message apparaît quelques secondes plus tard, d'un certain Loïc, sur le tchat : « Re-bonjour M'dame ! » La discussion qui s'engage est particulièrement fluide. Nous restons quelques heures à tchatter, tous les deux. J'ai le sentiment que cet homme semble effectivement différent des trois autres que j'ai pu rencontrer. Quoi qu'il en soit, chat échaudé craignant l'eau froide, je lui indique que je ne suis pas du tout disposée à rencontrer qui que ce soit actuellement. Il se montre compréhensif. La première discussion s'achève. Le lendemain, le surlendemain et les jours suivants, nous nous connectons tous les deux et continuons nos échanges. Il me paraît de plus en plus agréable.

Plus les discussions s'enchaînent, plus nous nous dévoilons. Il a 38 ans, est breton, et n'a pas d'enfants. Il semble avoir des projets pour construire son avenir et souhaite ne pas les réaliser seul. Quant à moi, très méfiante, je lui explique que je suis en

instance de divorce, et que je suis dans l'attente du jugement officiel, qui interviendra enfin le 12 décembre 2005.
Un soir, je rentre du travail par les transports en commun. Me dirigeant vers ma voiture que j'avais garée le matin même sur un petit parking de la gare, je découvre une rose rouge sur mon pare-brise, bloquée sous les deux essuie-glaces. Je suis extrêmement surprise. Je la dépose sur la plage arrière puis conduis pour rentrer à mon domicile. Dès mon arrivée, je me connecte rapidement, Loïc est déjà connecté. J'engage la conversation et allume la caméra de mon ordinateur :
— Bonsoir, Loïc. Tu vas bien ?
— Bonsoir, Valérie, ça va ?
— Et toi ? Tu as passé une bonne journée ?
— Oui.
— En rentrant ce soir, j'ai trouvé une rose rouge sur mon pare-brise.
— Elle te plaît ?
— C'est toi ? Comment tu as su ?
— Ta voiture est bien une Opel Corsa, immatriculée BXT 91 ?
— Oui, mais comment le sais-tu ?
— Bah, tu me l'avais dit…
Je ne me souviens plus d'en avoir parlé, mais oui, certainement, j'ai dû glisser cette information dans nos précédentes conversations. Je trouve le geste extrêmement touchant, je lui en fais la remarque, gênée et surprise par tant d'attention. Lui a alors marqué des points auprès de moi qui ai perdu toute confiance envers la gent masculine. Il termine la discussion :
— Dis-moi, depuis le temps que nous tchattons, on pourrait peut-être se contacter par téléphone, ce sera plus simple ? Qu'en penses-tu ?
— Euh… oui, si tu veux.

Il me communique alors son numéro de téléphone, que je compose lentement, le cœur battant par un excès d'appréhension et de timidité. En effet, il est plus facile, pour moi, de dialoguer via un clavier qu'oralement. J'entends sa voix. Étrange, je lui trouve une voix légèrement aiguë. Nous nous mettons à discuter, à rire parfois. Il me propose alors de nous rencontrer, si je suis d'accord. J'acquiesce, sans aucune conviction.

Loïc me propose un rendez-vous pour le samedi suivant. Nous avons le même organisme bancaire, il me suggère alors de nous retrouver à 19 heures devant notre agence. Il me décrit le type et la couleur de son véhicule, une Citroën C4 de couleur sable. Moi qui déteste être en retard, j'arrive avec une bonne demi-heure d'avance. Mon palpitant est en marche accélérée. Loïc aussi semble ne pas aimer arriver en retard, il se présente à 18 h 45. Je remarque sa voiture en regardant dans le rétroviseur. Il se gare juste derrière moi. Je sors de ma voiture, nerveuse au point de me cogner la tête au montant de mon habitacle. La rose est toujours sur la plage arrière de la voiture et n'a subi aucune dégradation. Je découvre un homme, pas bien grand, légèrement dégarni, aussi timide que moi. Il s'approche de moi, souriant, me fait deux bises puis me propose de m'emmener dans son véhicule vers un lieu que je devrais, selon lui, apprécier. Je me laisse conduire, les mots me manquent. J'ose à peine le regarder. Nous arrivons devant un restaurant gastronomique, La cassolette, situé non loin de l'agence bancaire. Nous entrons, Loïc avait réservé une table pour deux personnes, dans un coin tranquille du restaurant. Il me parle doucement, me fixe de ses yeux marron. Je le vois intimidé par, selon lui, le fait que je suis jolie. Il est soucieux, du fait de ses précédentes rencontres infructueuses. Quant à moi, ma timidité ne me lâche pas, je ne suis pas vraiment à l'aise, mais progressivement, mon état s'améliore. Afin de lui prouver que je ne suis pas « une mijaurée », comme s'amusait à m'appeler ma mère, je commande des rognons cuisinés en sauce. Je me régale. Je ne suis pas habituée à ce type de restauration et j'apprécie vraiment cette initiative. Je perçois chez lui une certaine attirance, et réciproquement. Ma prudence me guide et je ne veux pas trop le lui montrer.

Nous discutons en toute simplicité, nous rions ensemble, et nous délectons de ce repas. Dans nos conversations, j'apprends, entre autres, qu'il est ajusteur dans une grande entreprise industrielle, et que je connais certains de ses collègues. En effet, son entreprise, en tant qu'entreprise de la métallurgie, est adhérente de l'association pour laquelle je travaille, ce qui nous fait un point commun, notamment concernant nos valeurs humaines.

À la fin de ce somptueux repas, Loïc règle la facture puis nous nous dirigeons vers la Citroën C4. Je m'y installe, pensant qu'il me déposera à l'agence pour que je puisse regagner mon domicile. Contre toute attente, il me propose de m'emmener chez lui pour une petite coupe de champagne. C'est le seul alcool que je m'autorise, mais je lui précise que je ne peux boire qu'une coupe ; au-delà, il m'est impossible de conduire. Il accepte, me confirmant qu'il respecte mes choix. Il habite à Bondoufle, à 6 kilomètres de chez moi.

En entrant chez lui, je découvre une maison joliment décorée, impeccablement entretenue. Un bouquet de fleurs fraîches trône sur le buffet bas de la salle à manger qui donne directement sur une grande cuisine entièrement équipée. Il me laisse m'installer dans le salon. Je remarque un imposant escalier en colimaçon menant à l'étage supérieur. Assise sur le canapé en cuir vert bouteille, je contemple autour de moi, pendant que Loïc se dirige vers la cuisine. Il en revient avec une bouteille de champagne. Il emporte également deux flûtes. « Ce coquin avait tout prévu », me dis-je. Nous trinquons ensemble, puis continuons de discuter. Dans le feu de l'action, il me ressert une seconde flûte de champagne, que je m'apprête à refuser. Trop tard. Loïc m'informe que je ne dois pas m'en faire ; si besoin, je peux rester chez lui pour la nuit, en tout bien, tout honneur, et occuper une des deux chambres d'amis. J'accepte en toute confiance.

En fin de soirée, je me sens légèrement fatiguée. Il propose alors de m'accompagner à l'étage pour me faire découvrir la chambre où je vais passer la nuit. J'apprécie les attentions de Loïc qui n'a cessé de me mettre à l'aise pendant toute cette soirée. En réalité, je n'avais pas vraiment envie de dormir seule, ce soir-là. Hésitante, je lui demande s'il a un pyjama afin que je puisse me coucher près de lui, toujours en tout bien, tout honneur. Il sort un pyjama de couleur kaki que j'enfile. Il m'est un peu large, mais il fera l'affaire. Nous rions ensemble devant cet accoutrement, moi qui aime avoir une apparence féminine, pour le coup, c'est raté ! Nous nous couchons l'un contre l'autre puis je m'endors rapidement. Mon sommeil est profond, mais par pour lui, semble-t-il. Le lendemain matin, la lumière du jour s'infiltre à travers les volets. Je me réveille, comme une fleur, et constate que Loïc me contemple, échouée à ses côtés. Je décide de lever l'interdiction que j'avais formulée la veille. Je rapproche mon corps contre le sien, afin de lui faire comprendre que je suis prête à passer un certain cap avec lui. Loïc me couvre de tendresse par des gestes tendres et affectueux et sa voix douce lorsqu'il me chuchote : « Qu'est-ce que tu es belle ! » Je me laisse aller et nous faisons l'amour dès le lever du jour. Je retrouve enfin les plaisirs que j'avais perdus et ressens alors un nouvel horizon de bonheur se dessiner. J'apprécie énormément l'attention que Loïc me témoigne. Je le trouve très respectueux, c'est une des raisons pour lesquelles nous ne nous sommes plus quittés depuis ce jour. Nous nous aimons sincèrement, mais les traces indélébiles du passé demeurent ancrées en moi.

CHAPITRE 10

J'apprécie énormément la compagnie de Loïc et le respect envers moi dont il fait preuve. Il n'est effectivement pas comme les autres. Je me sens bien avec lui et j'ai décelé un certain charme dès le premier jour : un regard doux, une bouche étroite que je compare bien souvent à celle d'une raie ; c'est tellement mignon, une bouche de raie ! Nous en rions ensemble fréquemment.

Les jours se suivent, les semaines aussi. Je présente Loïc à mes enfants qui acceptent ma nouvelle relation. Célia et Lucas sont heureux de constater qu'en effet, depuis quelque temps, je me sens mieux. J'informe mes meilleurs amis, Clara et Guillaume, de cette rencontre, devenue mon nouveau départ. Ils semblent heureux également. Nous adaptons nos vies au rythme de la garde alternée des enfants. Nous vivons ensemble à Bondoufle les semaines paires, puis à Saint-Michel les semaines impaires, lorsque les enfants sont avec moi. Tout se passe bien, sans difficultés apparentes. Ma vie redémarre enfin, à l'âge de 36 ans, Loïc me fait redécouvrir les repas équilibrés. Un jour, Guillaume et Clara me rendent une petite visite à Saint-Michel pour faire connaissance avec ce fameux Loïc dont je leur parle tant. Quelle a été leur surprise en apercevant ce « petit bonhomme » de 38 ans, légèrement dégarni, pas très grand et timide, portant des chaussons à ses pieds ! Mon ex-mari n'en portait jamais. Aux yeux de mes amis, qui ne cessent de rire en découvrant l'homme que j'ai sélectionné, il s'avère que nous dégageons ensemble une certaine complicité. Clara est très heureuse pour moi. Quant à Guillaume, il met en garde Loïc. Il le prévient dès les premiers instants qu'à aucun moment il ne doit faire de mal à son amie. Guillaume est très protecteur envers moi, je peux lui faire confiance après les mésaventures que son ancien « super pote » m'a fait subir.

Dès le printemps 2006, je passe avec lui mes premières vacances en Bretagne, une semaine chez sa maman, Louise, et son père, Roger. Lucas et Célia sont, quant à eux, chez leur père, cette semaine-là. Je découvre sa région, les fruits de mer, dont les huîtres sauvages qu'il me fait déguster directement sur le rocher, la pêche à pied ou à la ligne, sur son petit bateau. Il se charge d'une grande mission, me faire découvrir les plaisirs culinaires et le sauvignon, à moi qui n'apprécie aucun alcool. Progressivement, je me familiarise avec ce vin blanc. Dès que l'occasion de manger des fruits de mer se présente, il nous sert un verre de vin.

Il aime se ressourcer sur la côte, et m'a transmis également ce plaisir. Dès que l'occasion se présente – c'est-à-dire six à huit fois par an –, nous y retournons. J'y découvre également de nombreux membres de sa famille, car tous, quasiment, vivent dans le Morbihan : ses oncles et tantes, ses cousins, ses grands-cousins, etc. Son frère, Éric, et sa sœur, Céline, vivent, comme Loïc, en région parisienne. Durant mes différents séjours en Bretagne, nous sommes hébergés par les parents de Loïc. Je fais la connaissance d'un grand nombre de ses oncles, tantes et cousins. Il s'agit d'une très grande famille, très liée, contrairement à la mienne qui se trouve extrêmement petite et pas soudée du tout. J'ai parfois un peu de difficultés à retrouver les liens de parenté entre ses cousins, grands-cousins, petits-cousins, tante et oncles… j'apprécie néanmoins toutes ces expériences qu'il me fait vivre. Je suis acceptée de tous, à ma grande surprise. Céline, un peu méfiante et protectrice vis-à-vis de son petit frère, m'explique au bout d'un certain temps qu'elle avait du mal à me cerner, car extrêmement timide et ne communiquant que peu. En même temps, chez eux, ils parlent beaucoup et de manière assez forte ; pour en placer une, il faut savoir s'imposer et je ne sais pas m'imposer.

Vient le moment de présenter Loïc à mes parents, même si je n'en ai pas spécialement envie. En effet, Loïc, comme beaucoup d'autres personnes, ne conçoit pas ce peu de liens qui m'unissent à ma famille. Toutefois, je l'ai d'ores et déjà informé de leur état d'esprit, de leur façon de vivre, dans les moindres détails et avec cette rancœur qui ne me lâche pas. Il n'a pas idée de l'ampleur du phénomène et doit minimiser un peu, je pense. Je me rends chez mes parents, avec Loïc et les enfants, pour la fête des Mères, à leur initiative. Ils ont installé des ballons de baudruche sur le portail et la clôture. J'ai l'impression qu'on arrive pour un goûter d'enfants. Bon. D'accord, c'est bizarre, mais pourquoi pas ?

Nous actionnons la sonnette puis passons le portail. Nous faisons le tour de la maison pour nous rendre directement dans le jardin, afin d'éviter de respirer cette odeur épouvantable qui plane à l'intérieur. Mon père vient à notre rencontre, me dit bonjour, puis s'apprête à serrer la main de Loïc en lui lançant un : « Bonjour, futur ex-gendre ! » Ma mère, quant à elle, nous dit bonjour sans un mot. Loïc est tellement surpris qu'il encaisse la boutade de mon père, imaginant que c'est de l'humour, particulier, certes. Nous nous installons dans le jardin. Mon père a tondu le matin même le jardin qui sert de litière à chats à ciel ouvert. L'odeur d'excréments remonte fréquemment à nos narines. Mes parents servent alors l'apéritif. Par habitude, je vérifie discrètement l'état des verres. Ça va, à peu près. Les apéritifs anisés sont servis, les doses sont phénoménales ; une fois l'eau ajoutée dans les verres, on pourrait penser à des flans aux œufs. Ils apportent ensuite les petites choses à grignoter puis les posent sur la table de jardin. Loïc, ce grand gourmand, s'empresse de piocher dans les rondelles de saucisson sec. Moi, j'évite, je connais.

Il se tourne vers moi, l'air très embarrassé. Le saucisson est rance, il ne peut pas l'avaler. Je lui glisse à l'oreille de le jeter par terre pour les chats, et surtout, de ne plus y toucher. Il doit, dès lors, faire très attention à tout ce qu'il va devoir manger. Vient le tour des olives, vertes… euh… plutôt verdâtres, voire jaunâtres. Elles ne sont pas du jour, ça se voit. Je me mets à scruter discrètement les ramequins : des saletés indescriptibles figurent parmi l'assaisonnement, des poils de chat sont également présents. Loïc se demande alors jusqu'où cette torture va le mener, mais ce n'est qu'un début, et ça, il l'ignore ! Nous discutons, nous rions ensemble, tout se passe plutôt bien. Arrive le moment où il faut s'occuper de la cuisson de la viande au barbecue. Mon père l'allume, et Fabien se charge de disposer la viande sur la grille. Et là, Loïc hallucine. Je vois la peur sur son visage et compatis. Il aperçoit la viande de mouton, sortie de la barquette à l'aide d'un pic à viande. Entre le pic et la barquette, la viande est rattachée à de longs fils gluants. Elle est avariée. Il va falloir faire extrêmement attention, imaginer un bon prétexte pour éviter de la manger. Les autres viandes semblent, a contrario, correctes. Loïc, sceptique, mange les viandes qui lui paraissent saines et simule un « j'ai trop mangé, je vais avoir du mal à finir », laissant le mouton dans son assiette. Par chance, moi, je n'aime pas le mouton. En fin de repas, le calvaire s'achève. Loïc n'en revient toujours pas. Mes parents sont bel et bien des personnages étranges, et surtout, qui n'ont aucun respect pour la santé de quiconque, même pas de leur nouveau gendre qui devra se méfier à l'avenir.

Un avenir pas si lointain, puisque deux semaines plus tard, le même scénario se reproduit à l'occasion de la fête des Pères. Même saucisson sec, mêmes olives. C'en est trop, Loïc ne peut pas manger ces saloperies. Il ne dit rien, mais ne mange que ce qui lui paraît mangeable, c'est tout, et ça ne fait pas lourd dans son estomac de grand gourmand.

Pour digérer, mon père organise un concours de tir à la carabine à plombs ; il installe alors des petites cibles en carton sur le fil à linge, puis lance le tournoi entre Fabien, Loïc, mon père et moi. Charlotte et ma mère discutent entre elles. Bon, je ne suis pas bonne tireuse, mais Loïc se débrouille bien. Très vite, ce dernier se rend compte que l'arme est mal réglée. Il s'en charge, puis le tournoi redémarre. Et là, mon père et mon frère doivent se rendre à l'évidence, Loïc, fier, les a « humiliés » – ce sont ses propos – à domicile. Mon père décide, contrarié, de mettre fin à ce tournoi et de ranger son arme.

Le premier week-end de janvier 2007, nous sommes invités, tous les quatre, à la galette des rois chez mes parents. C'est encore mon père qui se charge de préparer les victuailles. Horreur, nous le voyons déposer deux galettes sur le plan de travail de la cuisine, près des gamelles des chats qui vont et viennent entre l'extérieur et la cuisine, en passant par la fenêtre constamment ouverte. Je ne suis moi-même pas très surprise de cette façon de faire, mais Loïc est totalement abasourdi. Il va falloir qu'il mange de cette galette, ayant traîné dans les salissures et les pâtées pour chats. Il nous faut alors beaucoup de courage pour avaler les bouchées de cette pâtisserie. Lorsque mon père nous demande si l'on souhaite une autre part, notre réponse est sans appel « non, merci ! », prétextant que l'on « ne veut pas abuser des bonnes choses ».

Au printemps, Loïc me fait une proposition pour laquelle il me faut un petit temps de réflexion : revendre mon appartement de Saint-Michel, pour m'installer chez lui à Bondoufle avec mes enfants. Je finis par accepter, non sans crainte. L'argument qui me fait fléchir est que, selon lui, ma vie serait meilleure, et je ne demande que cela. Il entreprend alors les travaux pour adapter les deux chambres libres de sa maison aux goûts de mes enfants. Nous partons choisir les papiers peints, tous les quatre. Leur avis compte beaucoup pour moi. Je l'aide au mieux dans ses travaux.

Après notre emménagement, Loïc souhaite davantage. Lors d'une période de vacances que nous passons en Bretagne, avec les enfants cette fois, il me demande, devant ses parents, en mariage. Soufflée par cette demande, je l'accepte. J'apprécie beaucoup ses parents qui m'ont admise dans leur famille et avec qui nous échangeons beaucoup. Son père, très malade, m'attendrit particulièrement, non par sa maladie, mais par le fait que nous avons construit une certaine complicité tous les deux. Je suis sur un petit nuage de bonheur. J'avertis mes enfants de ce nouveau projet. Ils approuvent cette confirmation et sont très heureux pour moi.

Nous vivons alors une année pleine de projets et de bons moments en famille, avec sa famille. Mon grand-père maternel décède la même année. Il est propriétaire de deux petites maisons T3, sur un même terrain, dans un petit village du Loiret, La Chapelle-sur-Aveyron. Ma mère hérite, dès ce jour, de son patrimoine, qui deviendra en très peu de temps son nouveau taudis puant et non entretenu. Là encore, Diogène a rapidement sévi ! Les déchets s'accumulent, partout, absolument partout ! Sur les meubles, sur la table de salle à manger, sur la table basse, au sol. Tout est sale et quasi irrespirable. Je n'ose même pas imaginer les autres pièces où je suis, d'ailleurs, interdite d'accès. Quant à la maison de Savigny, elle est mise en vente.
Notre mariage a lieu en juillet 2008, à Lanester, dans le Morbihan. Comme se plaît à dire Loïc régulièrement : « 2008, pile dix ans après la première victoire de l'équipe de France de football à la Coupe du monde. » Nous attendons environ cent quarante personnes, dont mes parents, Fabien, Charlotte, Martine et Pierre, Clara et Guillaume, Gisèle et Antoine et, bien sûr, Célia et Lucas. Tous les autres invités viennent de l'entourage de Loïc. Dans les préparatifs, nous clôturons, le 31 mars, toutes les réponses à nos faire-part. Martine et Pierre ne peuvent pas venir, car mon parrain, vieillissant, n'est pas au mieux de sa forme. Mes parents, mon frère et ma sœur ne m'ont toujours pas répondu. Je décide alors de les contacter par téléphone. La

réponse de mes parents est négative, sous prétexte que mon père rencontre des difficultés respiratoires. Malgré mon insistance en précisant qu'un membre de la famille de Loïc est médecin et sera, quant à lui, présent, ils refusent catégoriquement de venir. Je prends en compte leur décision. Je contacte ensuite Charlotte, ma petite sœur. Sa réponse est la suivante : « Les parents ne viennent pas, je ne peux donc pas venir, je n'ai personne pour me véhiculer. » Puis vient ensuite la réponse de Fabien qui, elle, me chagrine au plus haut point :
— Salut Fab, tu vas bien ?
— Oui, ça va, et toi ?
— Ça va, merci… Dis-moi, Fab, tu n'as pas répondu à notre faire-part. Tu peux me dire si tu penses venir à notre mariage ?
— Non.
— Quoi, non ? Tu ne peux pas me répondre, ou tu ne peux pas venir ?
— Je ne viendrai pas.
— Et pourquoi ?
— Il n'y a personne de la famille, alors je ne veux pas être le seul Guyot à ton mariage.
— Quoi ? Mais tu oublies que, selon mon acte de naissance, je suis aussi une Guyot, nous serions alors deux.
— Non, mais de toute façon, je ne viendrai pas. Je n'ai rien à y faire.
— OK. Merci pour ta franchise. Ce n'est vraiment pas sympa. Salut.

Je raccroche, je n'ai pas de mot, il me déconcerte totalement et me déçoit vraiment. Maintenant, ils sont trois sur ma liste noire. Cette solidarité, dont nous avions fait preuve lorsque nous étions enfants, n'existe plus à ses yeux. Il a totalement changé de ligne de conduite, se rangeant toujours en fonction de ce que décident mes parents.

Lors de ce grand week-end consacré à notre mariage, seuls mes amis et mes enfants sont près de moi et me soutiennent. Ma famille ne fera, quant à elle, aucun effort. J'ai toujours beaucoup de difficultés à assimiler autant de mépris. Loïc est également surpris et ne comprend pas ce manque de fraternité entre nous. En l'absence de mes parents, Gisèle et Antoine jouent à merveille, à cette occasion, le rôle de parents adoptifs et j'en suis très honorée. D'ailleurs, tout le monde pense qu'ils sont mes parents, j'en suis ravie, j'ai trouvé des parents « de substitution ». Sur la table d'honneur sont disposées des compositions florales envoyées par plusieurs personnes de mon entourage plus éloigné. En faisant le tour de chaque composition, je me rends compte qu'aucune ne provient d'un seul membre de ma famille. Je ne quitte pas non plus mon téléphone portable, espérant un petit message, mais rien ne vient. Certains de mes collègues m'adressent leurs félicitations pour ce jour merveilleux ; quant à mes parents, mon frère, ma sœur, mon parrain, sa femme, rien, absolument rien, y compris les jours suivants. Ma déception est tellement grande qu'elle pollue quelque peu ce mariage. Même si Loïc tente de me raisonner – « tu sais, s'ils étaient venus, je pense qu'ils t'auraient pourri ta journée, comme toutes les autres, c'est peut-être mieux ainsi » –, je ne peux malheureusement pas m'empêcher de penser à ce nouvel affront qu'ils me font endurer. Quelle famille peut faire une chose pareille ? Je parviens enfin à passer outre, la belle-famille et les amis faisant le nécessaire pour m'extirper de ces idées négatives en mettant une sacrée ambiance, rythmée par des sketchs, des défis, des déguisements, des jeux. Cette ambiance sur les trois jours me remplit de joie et de fierté. Tout le monde m'accorde de la sympathie, mes amis s'amusent énormément et mes enfants sont très heureux. C'est pour moi, enfin, un nouveau départ à l'approche de mes 40 ans. Dans mon esprit, je me surprends même à accepter l'éventualité de concevoir un enfant, mais mon corps, lui, le refusera.

Je me sens enfin exister grâce à ma nouvelle famille, j'aime beaucoup nos discussions, nos échanges. Louise, la mère de Loïc, est très communicante ; son père, Roger, est lourdement handicapé ; il n'a plus qu'une seule jambe, l'autre ayant été amputée en raison d'une artérite. Il est cloué dans son fauteuil roulant. Toutefois, je les vois heureux de marier enfin leur fils cadet. Nous nous trouvons au vin d'honneur, Roger m'appelle, tend son verre à une de ses sœurs, puis tente de se lever de son fauteuil. Je l'aide à se redresser ; puis, murmurant la chanson à mon oreille Plus bleu que tes yeux, il m'offre alors une brève danse. Enlacés que nous sommes, l'un contre l'autre, il m'émeut. Malheureusement, Roger quittera notre monde l'année suivante. Tout comme Loïc, je suis très affectée par son départ. Aujourd'hui, il me manque encore terriblement.

Au retour de nos noces et de nos vacances d'été, je décide d'envoyer un mail assassin à mes parents pour leur exprimer ma colère. Je coupe, par écrit, définitivement toute relation, sauf avec Charlotte, bien sûr. J'annonce cette décision à Célia et à Lucas, en leur précisant que, s'ils souhaitent rendre visite à leurs grands-parents, ou les contacter, je ne m'y opposerai pas, sachant parfaitement ce que représente le fait pour un enfant de ne plus voir ses grands-parents. Je précise néanmoins ma seule condition : éviter autant que possible de parler de moi. Bien sûr, Célia, étant très proche de ses grands-parents, garde le contact ; j'en suis ravie pour elle. Sa première visite se fait avec Lucas. Tous les deux y passeront le week-end, mais Lucas décidera ensuite de ne plus renouveler ces visites, et je respecte son choix.

Les années s'écoulent et rien ne vient perturber mon bonheur avec Loïc, hormis la nouvelle autorité qu'il se découvre auprès de mes enfants. En effet, il souhaite préserver sa maison, dont les chambres des enfants. Tout doit être impeccablement rangé, rien ne doit traîner de-ci de-là ; la lunette des toilettes doit être rabaissée systématiquement, les chaussons doivent être mis aux pieds et marcher en chaussettes est prohibé ; les câbles de téléphone ne doivent pas rester branchés au mur ; la vaisselle du petit déjeuner doit être nettoyée à la main, essuyée puis rangée dans le placard de la cuisine… beaucoup de contraintes nouvelles que Célia et Lucas ont du mal à suivre à la lettre. Si ces règles ne sont pas respectées, le soir, au moment du repas, les engueulades pleuvent, le ton monte fréquemment, et les enfants finissent par se réfugier dans leur chambre pour éviter ces moments de tension que, pour ma part, j'ai beaucoup de difficultés à accepter, car ils font résonance en moi, et pour les enfants aussi.

Comme si cela ne suffisait pas, il faut que Louise, Céline et Lionel, son mari, s'en mêlent. Ils m'assènent régulièrement de reproches sur la manière dont j'élève mes enfants, en particulier Lucas. Tout cela vient du fait que Loïc, qui entretient des relations étroites avec les membres de sa famille, est régulièrement en contact. Dès que l'occasion se présente, souvent lorsque je suis absente, il ne peut s'empêcher de les informer sur notre vie et les désagréments qu'il subit. Lucas, qui s'est toujours fait rejeter par bon nombre de personnes de mon entourage, se trouve une fois de plus dénigré par ma belle-famille. Quant à moi, je me sens épiée régulièrement, rabaissée également. Mon seul souhait est qu'ils me laissent tranquille, comme je dis souvent : « Chacun voit midi à sa porte. » Je ne veux pas qu'ils me jugent, sans savoir par où je suis passée. Sans cesse, ce sont des mots comme : « Tu devrais lui en mettre une ! » ou : « Moi, je prenais une bonne calotte quand je faisais ça. » Je me défends comme je peux en expliquant qu'il est hors de question que je lève la main sur un de mes enfants, mais rien n'y fait. Je préfère communiquer et expliquer, et ça fonctionne.

Un après-midi de début juin 2009, mon téléphone portable se met à sonner, je suis en RTT à la maison. Le principal du collège me demande de me présenter à son bureau, car Lucas vient de commettre une grosse bêtise vis-à-vis d'un de ses camarades. Le voilà exclu pour le reste de l'année. Dans la foulée, je contacte Serge, en lui indiquant la raison de mon appel et en le sommant de se déplacer également, et ce, rapidement. À mon arrivée dans le bureau du principal du collège, celui-ci m'accueille en me serrant la main. J'aperçois Lucas assis sur une chaise dans un coin, l'air gêné. J'ai le visage grave et fermé. Je lui indique que nous attendons Serge, qui devrait arriver d'une minute à l'autre. Soudain, nous l'apercevons par la fenêtre, marchant d'un pas décidé. Il entre dans le bureau quelques minutes plus tard puis, sans dire un seul mot à qui que ce soit, se dirige vers Lucas et lui assène une gifle au niveau du crâne. Lucas part à la renverse et mon cœur se met à battre violemment, mes mains, instinctivement, se plaquent sur ma bouche. Je tremble de tous mes membres. Il m'est impossible de supporter une telle violence, d'autant que le principal ne réagit pas face à cet acte abject. Soit ! Il fallait prendre des sanctions, mais quand même, c'est extrême ! Je décide alors d'entreprendre le principal en lui indiquant que nous acceptons, évidemment, l'exclusion du collège, et je lui confirme que nous effectuerons des démarches pour que Lucas trouve rapidement un préapprentissage en alternance, avec un stage de quinze jours en immersion en entreprise pour combler la fin d'année scolaire. Rapidement, nous rencontrons, Lucas et moi, un employeur acceptant sa candidature pour le stage dans un premier temps, puis le préapprentissage. Lucas commencera alors, à la rentrée prochaine 2009, son apprentissage en alternance au CFA qui le mènera, après trois années, au métier de métallier. Ses résultats sont plutôt bons, et son comportement, irréprochable. Il est très apprécié par son formateur référent à l'école, et par son tuteur en entreprise, ce qui le rend fier et enfin reconnu. Son début de carrière commence ainsi.

Un soir de réveillon de la Saint-Sylvestre chez Céline, un conflit éclate entre Lionel et mon fils. J'avais simplement demandé à

Lucas de se poster devant la porte du garage pour que je puisse remettre en place mon collant qui ne cessait de glisser. Quelques secondes ont suffi pour que mon beau-frère ne tente de « dégager » mon fils de cet endroit. Rapidement, les propos fusent, les insultes également. Je sors du garage, sans trop comprendre ce qu'il se passe, puis Lionel s'en prend à moi, sous prétexte que je devrais veiller un peu mieux sur les agissements de Lucas. Les tensions sont explosives. Nous finissons à l'extérieur, je tente de calmer Lucas et Lionel, ainsi que Loïc qui tente de s'immiscer. J'y parviens enfin. Nous avons passé la nuit chez eux, puis sommes repartis le lendemain. Toutes les mâchoires sont serrées. Au revoir. Arrivée à la maison, j'indique à mon mari que je ne veux plus les voir, qu'ils ont sali mon fils et moi, par la même occasion. Étant donné que Loïc ne prend pas ma défense, à ce moment, je lui affirme ne pas l'interdire de côtoyer sa famille, bien sûr, mais si l'on vient à se croiser, chez nous, je quitterai le domicile ; si nous sommes invités chez eux, Loïc ira sans moi. Nous ne nous sommes pas revus pendant plus d'un an, jusqu'à ce que Lionel me présente ses excuses. Depuis ce jour, je me sens mieux respectée, plus forte. J'existe enfin et je décide que, définitivement, je ne laisserai jamais personne me juger, voire me guider sur des choix qui ne sont pas les miens. Lionel et Céline ont bien compris. Nos relations sont plus agréables, enfin !

J'explique à Loïc que je souhaite continuer d'élever mes enfants, de les accompagner à ma façon, sans violence, même si je le soutiens fréquemment. De nombreuses divergences apparaissent entre nous et, parfois, nous font nous heurter assez violemment. Nous dépassons malgré tout ces mauvais jours, gardant toujours en tête que nous formons un couple harmonieux et complice. Malheureusement, les relations entre Lucas et Loïc s'enveniment progressivement, au même rythme que Lucas grandit. Tout devient de plus en plus compliqué à la maison, au point que je commence une démarche de recherche d'appartement pour y loger avec mon fils ; je signe un bail dès la première visite, mais un document manque à mon dossier. C'est une attestation indiquant que Loïc et moi sommes en instance de séparation. Au retour de cette visite, je lui demande ce document qu'il refuse de me fournir, prétextant qu'il peut faire des efforts, et que, réciproquement, Lucas et moi devons en faire. Une négociation s'engage et nous trouvons un accord pour redémarrer sur de bonnes bases. Mais, le naturel revenant au galop, de nouveau, les rapports entre Lucas et son beau-père redeviennent rapidement impossibles. Moi qui travaille à 40 kilomètres de la maison, à Paris, et Lucas étant devenu apprenti métallier, il décide, à compter de ce moment, de m'attendre tous les soirs devant la maison, afin de ne plus être confronté seul à Loïc.

Après quelques années, en 2010, à la fin de ses études de dessinatrice-maquettiste, Célia quitte le domicile, car nous éprouvons toutes les deux des difficultés à communiquer. Elle souhaite poursuivre son parcours en université que, malheureusement, je ne peux financer. Elle décide alors de s'installer avec son petit ami, sous l'égide d'Antoine et Gisèle, et de m'imposer une certaine distance entre elle et moi, ce qui m'affecte profondément. Plus d'une année s'écoule sans que je voie ma fille, cela m'est insupportable. Au bout d'un an et demi, elle me recontacte et m'annonce être séparée de son petit ami, qui avait tenté certains actes violents à son égard. Célia s'est alors réfugiée chez Antoine et Gisèle. Afin qu'elle puisse continuer de travailler et qu'elle soit libre de se déplacer, je lui achète spontanément une petite voiture. Je lui confirme ne pas lui en vouloir pour ce manque de relations, mais que cela a été difficile pour moi. Je précise que j'aimerais que nos relations redeviennent comme avant. C'est chose faite, depuis ce moment.

En 2011, je décide d'acheter un appartement, en vue de défiscaliser et, surtout, de laisser derrière moi un héritage à mes enfants. Je jette mon dévolu sur un appartement à Lanester dans le Morbihan, non loin du domicile de ma belle-mère, Louise. Il sera loué pendant dix années.

Régulièrement, ma sœur me donne des nouvelles de mes parents. Mon père, selon ses dires, se plaint de vertiges, il se rend régulièrement à l'hôpital, mais elle est incapable de m'expliquer ce qu'il se passe. À force d'entendre ce type de nouvelles, je franchis le cap de recontacter mes parents. Ma mère, à chaque fois, passe le téléphone à mon père. Je discute avec, et tente d'en savoir davantage sur son état de santé, sans succès, même en insistant et en blaguant de temps en temps. Mon père ne lâche rien. Je lui indique que j'aimerais passer rapidement les voir. Celui-ci trouve tous les prétextes pour éviter ma venue. Je ne comprends pas pourquoi, mais ne me formalise pas. Ce stratagème durera jusqu'en 2014.
Une journée du mois de juin 2014, après une longue période sans que j'aie pris de nouvelles de mes parents, Martine me contacte. D'une voix douce et posée, elle m'indique par ces mots :
— Bonjour Valérie.
— Salut Martine, ça va ?
— Pas trop. Je sais que tu es fâchée avec tes parents, mais ton père ne va pas bien.
— Ah bon ? Qu'est-ce qu'il a ?
— Il est très malade. Il se trouve à l'hôpital de Montargis. Les médecins comptent ses jours.
— Ah bon ? Comment ça ?
— Je ne peux pas t'en dire plus, malheureusement. Cependant, si tu veux le revoir une dernière fois, il faut que tu y ailles rapidement. Si possible, ce week-end.
— D'accord. Nous tâcherons d'y aller. Merci pour ces informations, Martine. C'est inquiétant, tout ça.

Je raccroche puis me tourne vers Loïc. Je suis désemparée. Il m'encourage à y aller. Il le faut. Nous partirons donc, en voiture, le samedi suivant. On emmènera Charlotte. Quant à ma mère, elle n'a même pas daigné me contacter pour m'en informer.

Arrivée dans la chambre de l'hôpital de Montargis où se trouve mon père, je vois Martine et ma mère. Mon père est allongé sur le dos, inerte, la bouche grande ouverte. Il respire. J'embrasse Martine qui semble très émue, puis ma mère qui, elle, assise sur la chaise, ne laisse rien paraître, comme d'habitude, arborant sa mimique favorite : sa bouche en cul-de-poule. Elle me regarde sans afficher la moindre surprise ni la moindre tristesse. Elle est stoïque. Je me tourne vers mon père puis l'embrasse. Je lui parle, espérant qu'il me regardera : « Bonjour papa, je suis là, ta fille. Je suis avec Loïc et Charlotte. » Je vois frissonner furtivement ses cils, puis plus rien. Je devine ses maigres épaules, puis aperçois ses larges mains. Autant son corps est amaigri, autant ses mains, elles, n'ont pas changé, ce sont les mêmes : des paluches très larges que nous avons vues de près si souvent lors des torgnoles qu'il nous assénait, lorsque nous étions plus jeunes. Je sens monter ma tristesse, restant un court moment à son chevet, puis je décide de quitter la chambre, laissant ma mère avec mon père. Il était temps que je quitte la pièce, car dès la sortie, je m'effondre. Je ne peux plus retenir mes larmes. Mais pourquoi suis-je si touchée ? Je n'en sais rien, moi qui pensais n'avoir aucun ressenti le jour où il arriverait malheur à un de mes parents. Peut-être aurais-je préféré voir ma mère dans cette situation ?

Nous rejoignons, à la sortie de l'hôpital, Martine qui fume une cigarette. J'en allume une pour l'accompagner et discuter un peu. Elle m'exprime sa satisfaction de me savoir présente. Elle me confirme que c'est la fin, et que je risque de ne plus voir mon père vivant très prochainement. Un cancer du foie le ronge depuis de nombreux mois, et termine ce week-end-là le travail qu'il avait commencé. Je comprends. Après que j'ai consumé ma cigarette, nous reprenons la route en direction de Bondoufle.

C'est ma conscience qui me dicte ma conduite et, contre toute attente, je me sens terriblement affectée.

Les obsèques ont lieu quelques jours plus tard. Je suis toujours attristée et je ne comprends vraiment pas pourquoi. Moi qui le détestais, qui en avais terriblement peur, il me touche par son absence à laquelle je ne suis pas préparée. Ma mère ne réagit toujours pas, le peu de personnes présentes discutent à peine. Les biscuits et jus de fruits qu'elle a prévus pour la collation sont tous périmés, comme toujours. Bien sûr, j'évite d'y toucher et préviens mes enfants et mon mari afin qu'ils se méfient. La maison dégage une odeur des plus pestilentielles. Par chance, la porte-fenêtre de la salle à manger étant grande ouverte, nous décidons de rester dehors pour ne pas avoir à humer ces effluves, mais continuer de participer aux échanges entre convives. Au bout d'un moment, nous décidons de repartir prétextant que nous avons de la route et que nous ne voulons pas rentrer pendant la tombée de la nuit. Une question me traverse régulièrement l'esprit : « Et quand ma mère partira, comment réagirai-je ? » Je crains de ne pas avoir suffisamment d'humanité pour démontrer la moindre compassion. Enfin, on verra bien.

Avant que je reparte, ma mère me rejoint dehors et m'interpelle : « Je ne sais pas comment je vais faire pour payer les obsèques de ton père. » En guise de réponse, j'ai le malheur de lui répondre : « Si tu as besoin de quoi que ce soit, tu m'appelles… Je serai là, ne t'inquiète pas. » À ce moment précis, Loïc me tapote légèrement le bras, je le regarde, il me regarde sans dire un mot. Je comprends alors que, pour le coup, j'ai dit une sacrée bêtise à ses yeux. Plus tard, il m'expliquera qu'après ce qu'ils m'ont fait subir, je n'ai rien à leur devoir, à leur donner, qu'il faut que je garde mon argent et, surtout, qu'elle n'en a pas besoin. Elle a hérité deux fois, de ses parents et de ses grands-parents, elle n'a aucun loyer ni traite à payer, elle n'a qu'à faire attention à ses finances. Il a raison. Ma naïveté et ma bonté ont failli me faire

faire un geste vis-à-vis de ma mère que j'aurais pu regretter. J'étais encore prête, à ses yeux, à me faire extorquer une somme d'argent. Depuis ce moment, l'absence de mon père me ronge, et je ne sais vraiment pas pourquoi.

En 2015, la situation, entre Loïc, Lucas et moi, étant devenue insupportable pour chacun d'entre nous, totalement autonome financièrement, je souhaite permettre à Lucas, alors âgé de 20 ans, de s'émanciper. Je décide alors de lui rechercher un appartement, en me portant garante, à Brétigny-sur-Orge, non loin de Bondoufle, profitant de son statut d'intérimaire dans une entreprise de métallerie. Ma décision est prise, c'est la seule solution qui nous permettra de nous octroyer une bulle d'oxygène au sein de notre couple et, pour Lucas, de ne plus avoir cette pression vécue par l'autorité inébranlable de son beau-père. Je prends de ses nouvelles très régulièrement, je lui rends visite souvent pour m'assurer que tout va bien. Je lui précise fréquemment qu'il peut me contacter dès qu'il le souhaite, quoi qu'il arrive, je serai à ses côtés. Grâce à ce départ de notre domicile, nous retrouvons une certaine sérénité dans notre couple.

En 2017, je décide d'augmenter le patrimoine que je souhaite, plus tard, transmettre à mes enfants. J'achète alors un deuxième appartement. Un studio tout neuf, à Bondoufle, à environ 500 mètres de la maison, pour y reloger Lucas. Cette idée m'est apparue, sur un coup de tête. Il est mieux isolé et plus proche de la maison. Lucas est très heureux d'intégrer ce nouveau logement, qu'il gardera jusqu'en octobre 2023, ayant rencontré, entre-temps, Maelle, la femme qui va lui donner son premier enfant.

Un soir de septembre 2020, ma sœur me contacte – généralement, c'est moi qui m'en charge, environ toutes les trois semaines – et, à ce moment précis, je m'attends à la nouvelle qu'elle s'apprête à m'annoncer. Ma mère est décédée d'une crise cardiaque. Je ne me sens pas affectée plus que cela car, en réalité, je m'y attendais depuis plusieurs années. Je me suis toujours demandé comment, avec toutes ses consommations d'alcool abusives, son manque d'hygiène et de soins, elle avait pu arriver à cet âge, 72 ans. À ce moment-là, c'est l'inquiétude sur l'avenir qui s'empare de moi. Que va-t-il se passer ensuite ? Et les deux petites maisons situées dans le Loiret au milieu de 5 hectares de terrain non entretenu, que va-t-on en faire ? Une chose me semble certaine : nous devrons tout nettoyer, désinfecter, vider, pour procéder à la revente. Je crains les mois qui se profilent. J'imagine que c'est encore moi qui vais devoir m'y coller, car selon moi, ni Fabien ni Charlotte ne seront en mesure d'endosser ces corvées. Cela me fait terriblement peur. Loïc me soutient et tente de me rassurer. Ma mère, lors d'un week-end auparavant, avait souhaité nous réunir en ce qu'elle appelait « un conseil de famille ». Elle avait jugé nécessaire de nous avertir de ce qu'elle avait prévu lorsque son décès serait prononcé. Elle nous évoque, à tous les trois, la signature d'une convention obsèques, son souhait de nous faire disperser ses cendres, comme pour Papy, au jardin du souvenir du crématorium d'Amilly et qu'à compter de ce jour, il faudra que je m'occupe de ma sœur, Charlotte. Je lui fais la promesse, mais n'en pense pas un mot. Je ne compte pas honorer ses dernières volontés, c'est hors de question.

Je me charge d'annoncer le décès à mes enfants. Célia entend l'annonce, semble légèrement affectée, et me soutient. Lucas, quant à lui, s'excuse. Il me dit avec ses mots, certes timidement, qu'il ne souhaite pas assister aux obsèques de sa grand-mère, me précisant que, pour lui, elle est et restera une étrangère. Je comprends parfaitement sa réaction. Pour le conforter, je lui annonce que si sa grand-mère n'a jamais rien fait pour lui, elle lui a permis, aujourd'hui, de bénéficier d'une journée de congé pour événement familial. Nous rions ensemble sur ce sujet, mais c'est une bien triste réalité. Je l'incite donc à prendre cette journée d'obsèques comme le seul cadeau que lui a offert sa grand-mère, durant toutes ces années.

Dans un premier temps, je prends contact avec les pompes funèbres. Avant le rendez-vous, j'entre dans la maison. Sur la table sont entreposés de nombreux documents, l'odeur est toujours aussi insupportable, nous ouvrons largement toutes les fenêtres. J'aperçois un dossier bleu portant une inscription « Viager ». Je consulte le contenu de ce dossier et me rends compte alors qu'une vente en viager a eu lieu en juillet de la même année. Super ! Je ne m'attendais pas à cela. Cette information formelle me réconforte et, surtout, me soulage. Je n'ai donc plus à me torturer quant à cet avenir que j'appréhendais. Les deux maisons ne nous appartiennent plus, nous n'avons plus à y mettre les pieds, car c'est l'acheteur qui en devient propriétaire. Enfin, je considère que si ma mère a fait, une fois seulement dans sa vie, quelque chose de bien à notre égard, c'est bien cette vente en viager. Contre toute attente, je décide l'organisation de ses funérailles, elle sera incinérée comme elle le souhaitait, mais ses cendres resteront entre les mains des pompes funèbres. Je les refuse. En mon for intérieur, elle ne mérite pas autant de bienveillance post mortem. Avec Loïc, je repars soulagée du crématorium, bien décidée à tourner définitivement cette lourde page de mon existence.

Je contacte l'acheteur du viager qui m'autorise à récupérer certains biens familiaux. J'organise une visite des lieux avec Charlotte et Fabien, le samedi suivant. Arrivée sur les lieux, je constate, avec stupeur, qu'aucune photo, aucun souvenir n'existe dans ces deux maisons, concernant mes grands-parents, mon père, mon fils, mon frère, ma sœur et moi. Personne n'existe dans cette maison ! Seules sont omniprésentes des photos de ma fille, un peu partout, dans toutes les pièces. J'emporte les quelques documents administratifs que je peux trouver

par-ci, par-là dans ce taudis, afin de me charger du dossier de succession.
Nous profitons de ce passage pour nettoyer légèrement, histoire de se donner bonne conscience auprès du futur propriétaire et de récupérer quelques bricoles de famille. Loïc découvre, au fond d'un secrétaire, une toute petite gourmette dont l'inscription porte le nom de Célia. Mon sang ne fait qu'un tour, ma mère avait volé la gourmette de sa propre petite-fille. À l'époque, lorsque je m'étais rendu compte que ma fille ne portait plus sa gourmette, ma mère m'avait répondu qu'elle l'avait certainement perdue. Encore un fait qui m'oblige à la détester davantage. L'expédition touche à sa fin. Dans la voiture, sur le chemin du retour, je contacte, euphorique, Célia et lui apprends, cette découverte :
— Coucou Célia, c'est maman.
— Salut. Ça va ?
— Oui, ça va. On revient de chez Mamie. Je viens de trouver un trésor. Je dois te le remettre.
— OK… mais c'est quoi ?
— Tu verras. On passe rapidement chez toi, au retour de La Chapelle.
— D'accord. Merci maman.
— De rien, Célia. À tout à l'heure. Bisou.
— Bisou. À tout à l'heure.

Puis je raccroche. Célia, qui a 29 ans, ne se doute pas un instant qu'il s'agit de sa gourmette en or, que je lui avais achetée pour son baptême, à l'âge d'un an. Elle est tellement heureuse, et moi, surexcitée, d'avoir pu retrouver ce petit bijou !

Quelques jours plus tard, nous rencontrons pour la première fois le notaire chargé de la succession. Charlotte, Fabien et moi sommes assis devant son bureau ; le notaire connaît très bien ma famille, il a suivi le veuvage de mon grand-père, son remariage, son décès, celui de mon père, puis maintenant, celui de ma mère. Ses paroles sont soudaines et stupéfiantes : « À votre place, je refuserais la succession ! » En effet, après deux héritages patrimoniaux, il ne reste pas un sou, mes parents ont tout croqué ! Jamais ils n'ont eu la lueur d'esprit de nous laisser un petit quelque chose après leur passage sur terre. Mais à quoi devais-je m'attendre autrement ? Rien ! Nada !

Revenons à l'appartement de Lanester, acheté en 2011, celui-ci se libère en 2021. Célia, qui avait acheté quelques années auparavant, avec son conjoint, Chris, son propre appartement à Bondoufle, ne se sent plus très bien dans son activité professionnelle. Chris est pizzaïolo depuis plus de vingt ans dans le même restaurant. Il pense alors avoir fait le tour de son métier. Célia travaille dans une grande surface, mais ne se plaît pas vraiment dans son emploi. Je leur propose un changement de vie radical. S'ils le désirent, mon appartement à Lanester est libéré de tout locataire. C'est quasiment le même que le leur, doté d'un balcon qu'ils n'ont pas aujourd'hui, et l'environnement est réellement plus agréable. À l'aide de mes photos et de mes plans, je convaincs Célia. Elle emménagera en Bretagne en mai 2022. Je suis très heureuse qu'elle puisse enfin redémarrer dans la vie et retrouver un travail plus agréable, quitte à l'exempter de ses premiers loyers le temps qu'elle se mette en place. Je suis alors très fière. Elle quittera le logement en été 2023 pour se réinstaller chez son nouveau conjoint, Benjamin.

Fin 2024, je procède alors à la vente des deux appartements pour commencer à élaborer, avec Loïc, notre projet de retraite. Les années passées avec lui, avec tous les plaisirs associés qu'il m'a fait découvrir, m'ont fait prendre une vingtaine de kilos depuis près de vingt ans.

Aujourd'hui, dès que je croise un miroir, que je regarde les photos récentes dans lesquelles j'apparais, je vois systématiquement les traits de ma mère. Elle est encore présente dans ma conscience, malheureusement, et surtout physiquement, sur mon visage. Il faut que j'y remédie très rapidement, car cette ressemblance me met mal à l'aise. Quelques mois suffisent à me faire maigrir de plusieurs kilos, permettant ainsi aux traits de ma mère de disparaître progressivement. Je me sens déjà beaucoup mieux.

CHAPITRE 11

nts que nous étions, Fabien, Charlotte et moi, chacun leur propre parcours, avec leurs propres si différentes soient-elles. Fabien est devenu mili- carrière, maintenant à la retraite, et n'a jamais eu d'en- l vit maritalement aux Mureaux, dans les Yvelines, avec ueline, surnommée Jacquotte. Charlotte est manutention- ire depuis trente années, et n'a jamais réussi à construire sa vie : ni conjoint ni enfants. La principale raison était que pour chaque rencontre qu'elle faisait, elle craignait les réactions de nos parents. Elle vit au neuvième étage, seule, dans un HLM de Savigny-sur-Orge. Quant à moi, je me suis investie, il y a une trentaine d'années, dans le domaine associatif pour accompagner des personnes en situation de handicap vers l'insertion, en leur transmettant les connaissances et compétences pour qu'elles puissent exercer un nouveau métier. Je me sens utile à la cause de tant de personnes victimes, en les aidant elles aussi, jour après jour, à se reconstruire.

Quant à ma mère, celle qui m'a donné la vie, je ne comprends toujours pas aujourd'hui comment une petite fille peut devenir la méchante reine de conte de fées, alors que dans tous les rêves de petites filles, il y a toujours ce désir de devenir une princesse.

À présent, mes parents ont quitté ce monde, pour aller je ne sais où, et polluent moins mon esprit. Moins, car je ne peux m'empêcher ces feed-back réguliers.

Loïc, ce Breton qui m'a fait découvrir, depuis une vingtaine d'années, ce qu'est une vraie famille, liée et respectueuse, me soutient beaucoup. Sans lui, je serais restée cloisonnée dans mes souvenirs, aussi désagréables soient-ils. Il est vrai, je le conçois, qu'il n'a pas eu la vie facile à mes côtés. Il a passé son temps, jusque-là, à me guider, à me conforter face à mes doutes, à mes soupçons et à mes douleurs qui apparaissent sans cesse. Notre projet de retraite, avec Loïc, devrait voir le jour d'ici quelque trois ou quatre années...

Ma fille, Célia, âgée aujourd'hui de 33 ans, vit maritalement en Bretagne avec Benjamin, papa d'une fillette prénommée Lila. Je la retrouve dès que l'occasion se présente de passer des petites et grandes vacances en Bretagne. Mon fils, Lucas, vient de fêter ses 30 ans. Il habite à 6 kilomètres de notre maison et vit maritalement avec Maelle, sa fille Léa et, bien sûr, la petite Kettie. Nous trouvons toutes les occasions de nous retrouver certains week-ends. Mes deux enfants resteront la chair de ma chair, la pupille de mes deux yeux bleus, ils ont reçu une éducation basée essentiellement sur le respect, les échanges et la communication, et je suis certaine qu'ils sauront élever leurs propres enfants sans la moindre violence, physique ou psychologique. Contrairement à moi, vis-à-vis de mes propres parents, ils sont très proches des leurs, et n'hésitent pas à les soutenir lorsque l'un ou l'autre n'est pas au mieux de sa forme. C'est ça, que j'appelle de bonnes relations de famille. J'aurais tellement aimé en avoir et je suis tellement heureuse de leur avoir inculqué mes valeurs !

Je me surprends régulièrement à analyser toutes ces années passées, les moments où je n'avais rien, où je n'étais rien, invisible de tous, la cible pour certains, puis les années où j'ai tenté de construire une famille et qui ont fini par échouer en raison des erreurs multiples de Serge, puis la renaissance avec Loïc où, enfin, j'existe. Nous construisons notre avenir en commun, tout en préservant celui de mes enfants, Célia et Lucas.

Moi qui n'avais pas le droit à la parole, j'ai su instaurer autour de moi le respect, le dialogue, la prise en compte et l'écoute, en refusant toute forme de violence, qu'elle soit physique ou verbale.

TABLE DES MATIÈRES

N° d'éditeur : 7414

Dépôt légal : Mai 2025

Achevé d'imprimer chez SoBook le 13-05-2025
Linselles - France

Nos papiers sont issus de forêts gérées durablement

N° impression : 970 808